清·段長基 著
扈耕田
王　艷　點校
王方領

歷代一統表之三

歷代疆域表

下

全國高校古籍整理研究委員會資助項目
河南古都文化研究中心學術文庫成果
白河書齋河洛文獻系列叢書之三

文物出版社

迨賈氏煽亂①，八王構兵，羣翟起而乘之，于是中原板蕩，不可復問。南渡封域，廣狹無常。然上明、江陵、夏口、武昌、合肥、壽陽往往爲邊國重鎮，而漢中、襄陽、彭城，亦間爲藩翰於斯時也②。

劉淵據離石稱漢③，劉曜據長安，改漢曰趙。

劉盛時其地東不過太行，南不越嵩洛，西不踰隴坻，○注：劉聰時未有，劉曜始取之。北不出汾晉。劉淵嘗置雍州于平陽，幽州于離石，劉聰又置荊州于洛陽。其時又置殷、衛、東梁、西河陽、北兖五州，而未詳所治。劉曜以秦、涼二州并置于上邽。又置朔州于高平，并州于蒲阪，改置幽州于北地。又嘗置益州於仇池，

《漢魏春秋》：建安二十一年魏武居匈奴左部于茲氏○注：今汾州府南，右部於祁縣，南部於蒲子○注：今隰州，北部于新興，中部于大陵。在并州諸郡左部帥劉豹强子淵襲位，惠帝初拜五部大都督。及晉亂，其黨推淵爲大單于，都離石。既而迁都左國城，建國號曰漢。略取太原、上黨、西河境內數邑，徙屯黎亭④，寇陷平陽及河東郡，于是徙都蒲子。遣王彌、石勒等掠冀州諸郡及兖、豫以東，明年徙都平陽。寇陷上黨郡邑，南犯洛陽，淵子聰篡立。寇陷洛陽，王彌、石勒等復分道東略。會蒲阪叛降，漢遣劉曜等

①賈氏：指賈南風（257年—300年），即惠賈皇后，小名旹（shí），平陽襄陵（今山西襄汾）人。西晉時期晉惠帝司馬衷皇后，賈充的女兒。貌醜而性妒，因惠帝懦弱而一度專權，是西晉時期『八王之亂』的罪魁禍首，後死于趙王司馬倫之手。②藩翰：捍衛王室的重臣。喻指藩國。③離石：在今山西吕梁。④黎亭：在今山西長治縣北三裡黎嶺村。《漢書·地理志》上党郡壺關縣注：『應劭曰：黎侯國也，今黎亭是。』《晉書·劉元海載記》：西晉永興二年（305）『離石大饑，遷于黎亭，以就邸閣穀』。《方輿紀要》卷42潞安府長治縣：『黎亭在府西南三十五裡黎侯嶺上。相傳黎侯所築。』均此。

至郡縣分合，類不能詳也。

引兵陷長安，使曜督陝西諸軍事，封秦王。聰死，靳準作亂，盡誅劉氏。曜因討準，至赤壁，遂自立，還都長安，改國號曰趙。大興三年，曜取隴右諸郡，既又南降仇池②，西脅涼州。成和三年，曜攻後趙將石生于金墉。石勒馳救，为勒所獲。曜子熙及胤，棄長安，走上邽。尋復引兵趨長安，爲石虎所敗。虎乘勝取上邽。秦隴悉入于後趙。趙亡。

石勒據襄國，稱趙○注：史曰後趙。冉閔據鄴，改趙曰魏。

石趙盛時，其地南踰淮漢，東濱于海，西至於河西，北盡燕代。石勒置冀州于信都、并州于上黨、朔州于代北、兖州于鄄城、徐州于廩丘、幽州于薊、青州于廣固、雍州于長安、秦州于上邽、揚州于壽春、豫州于許昌。荊州初置于襄陽，後徙

初匈奴別種曰羯，入居上黨，生長于武鄉，後爲郡盜。寇掠冀、兖二州，爲晉兖州刺史苟晞所敗，乃降劉淵。統兵寇掠，所向有功。東越豫兖，南極江漢，悉被殘毁。永嘉五年與劉曜等攻陷洛陽，復引而東，屯于葛陂③。尋北據襄國，山東郡縣多爲所陷。建興二年，袭幽取并，北至代郡。靳準作亂，弒劉粲，勒與曜討滅之。曜封勒爲趙公。既而貳于曜，稱趙王，自以河内等二十四郡爲趙國，改太守皆爲内史。南至孟津，西至龍門，東至河，北至塞，皆爲冀州。兼領冀州牧。于是幽、冀、并三州皆没于勒。大寧初，又克廣固，

①蒲子：西漢置，屬河東郡。治所即今山西隰縣。三國魏屬平陽郡。西晉永嘉時，十六國前漢劉淵曾都於此。北魏廢。又，北周大象元年(579)改石城縣置，屬五城郡。治所在今山西蒲縣東南五十里。隋開皇元年(581)移治今蒲縣東北二十八里，五年改屬隰州。大業二年(606)改爲蒲縣。②仇池：在今陝西省略陽縣境。③葛陂：湖泊名。在今河南新蔡縣西北七十里周圍三十里。今堙。《後漢書·孝靈帝紀》：中平五年(188)『遣下軍校尉鮑鴻討葛陂黄巾』。《晉書》：『(石勒)攻掠豫州諸郡，臨江而還，屯於葛陂。』

魯陽今魯山縣。司州仍置于洛陽。石虎改置司州于鄴，而分置洛州于洛陽。增置營州于令支①，涼州于金城。及虎隕，國遂喪矣。

并有青州。又略兖、豫之境，取許昌，與劉曜爭洛陽。曜攻石生于金墉。石勒馳救，與曜戰，獲之。長安亦來降。進并秦隴，涼州稱藩。于是淮漢以北，悉爲趙境，自稱趙天王。旋稱帝，營鄴宫，以洛陽爲南都，置行臺。勒死，石虎篡之，復稱天王。尋還于鄴，復稱帝。虎死，養子閔與其子遵舉兵李城②，入鄴，遂篡立。閔尋殺遵而立鑒，既又殺之而自立，號大魏。復姓曰冉。虎之子獻復稱帝于襄國③，閔攻圍之，祗改稱趙王④，旋爲其將劉顯所殺，降于閔。未幾顯復稱帝于襄國。永和八年閔攻殺之，因遊食常山、中山諸郡。燕將慕容恪擊閔，戰于廉臺⑤，獲之。慕容評復攻鄴，克之。

慕容氏據遼東，稱燕。慕容燕。盛時其地南至汝潁，東盡青齊，西抵淆澠，北守雲中。初，平州仍置于襄平，幽州置于龍城，後徙于薊。冀州初置地常山，後還治信

三國魏景初中，鮮卑莫賀跋自塞外入居遼西棘城之北，號慕容部。再傳至涉歸，遷遼東之北。數從中國征討，有功，拜大單于。晉太康二年，涉歸始寇昌黎。後涉歸死，其弟删篡立，尋爲其下所殺，部眾復奉涉歸子廆，大爲邊患。十年廆請降，拜鮮卑都督，以遼東僻遠，

①令支：又作離枝、泠支、不令支。在今河北遷安縣西。②李城：即今河南温縣治。《晉書·石季龍傳》：石遵聞季龍之死，屯於河内。姚仲弋、苻洪等班師而歸，『遇遵于李城』。隋移温縣治此。③襄國：位於河北邢臺市邢臺縣境内十六國時，羯族人石勒建襄國城（今橋東）爲都，西元335年石虎遷都於鄴，襄都改設襄國郡，南北朝時，襄國郡縣并存。④祗：指石祗（？—351年），羯族，上党武鄉（今屬山西）人，後趙武帝石虎之子。⑤廉臺：今河北省定州市息塚鎮廉臺村，位於息塚西南方向5.5公里。戰國時趙國大將廉頗於此築有一臺，因此得名爲『廉臺』。

都常山亦謂之北冀州。青州初置于樂陵，後還治廣固。兖州置于湯平，中州置于業，洛州置于金庸①，并州置于晉陽。荊州初置于梁國之蠡臺②，後置于魯陽。豫州初置于陳留，後置于許昌。迨其亡也，秦所得郡凡百五十七焉。

徙居徒河。④○注：在柳城東一百九十里之青山。尋複徙居大棘城⑤。永嘉初，自稱大單于。既而晉拜廆爲平州牧，廆又以其子翰鎮遼東仁鎮，平郭廆。卒，子皝嗣⑥。其弟仁以平郭叛，皝擊平之，自稱燕王。西摧段氏，敗石虎，遷龍城。東破高麗，北滅宇文，又兼扶餘。以日强熾，子儁嗣之。因趙之衰，廣捲幽州，遷都于薊。進略冀州，擊滅冉閔。遂取鄴城。儁又稱帝，既又南并三齊，漸規河洛。升平元年，自薊都鄴。儁没，慕容恪輔政，復兼陳汝，取洛陽，東至泗上，南至宛城，皆爲燕境。及恪卒，秦取洛陽，又拔壺關⑦，克晉陽，破慕容評于潞水，長驅圍鄴。鄴城下，追執燕主暐于高陽。悉走燕地。

李雄據蜀，稱成。李壽尋改稱漢○注：亦謂之後蜀。

李成盛時，東守三峽，南兼僰爨③。西盡岷邛，北據南鄭。李雄置

李氏自巴西宕渠徙漢中，依張魯。及魏武克漢中，復遷略陽，謂之巴氐。元康中，關中亂，歲饑。李特等帥流民就穀漢川。尋入劍閣。會益州刺史趙廞據州叛，特等依之。既而殺特弟庠。特等怨廞，引兵屯綿竹，還攻成都，廞走死。

①金庸：即金墉城。三國魏明帝時築，爲洛陽城（今河南洛陽市東）西北角上一小城。魏晉時被廢的帝后，都安置於此。城小而固，爲攻戰戍守要地。北魏初年爲『河南四鎮』之一。②蠡臺：在今河南商丘縣城南。《晉書·姚襄載記》：殷浩憚其威名，『遷襄于梁國蠡台，表授梁國内史』。《水經·睢水注》：睢陽『城内有高臺，甚秀廣，巍然介立，超焉獨上，謂之蠡台，亦曰升台焉……余按《闕子》稱宋景公……登虎圈之台……蠡台即是虎圈台也，蓋宋世牢虎所在矣』。③僰（bó）爨：僰人即濮人，是先秦時期北方中原人對西南諸民族的統稱。四川《珙縣誌》：『珙本古西南夷服地，秦滅開明氏，僰人居此，號曰僰國。』爨（cuàn）：古烏蠻、白蠻大姓。晉宋至隋唐時爨氏分爲東西兩部（均在雲南東部），大抵以曲靖至建水爲界。東部以烏蠻爲主，西部以白蠻爲主。④徒河：即今遼寧錦州市。⑤棘城：在今遼寧省義縣西。三國魏屬昌黎郡昌黎縣。《晉書·慕容廆載記》：廆，『昌黎棘城鮮卑人也』。西晉置縣。⑥皝（huàng）：慕容皝爲了紀念自己的功績，自創『皝』字，作爲己名。⑦壺關：今屬山西省長治市。

益州於成都，梁州於涪寧，州于建寧。又分梁州置荆州于巴郡，分寧州置交州於興古，領興古、永昌、牂牁、越嶲、夜郎等五郡。《晉志》：咸康四年，李壽又分牂牁、夜郎、朱提、越嶲四郡，置安州。既又分興古、永昌、雲南、越嶲、朱提、河陽六郡爲漢州。八年以安州并入寧州，既又以越嶲還屬益州，省永昌郡成之。業至壽，寖以削弱，子勢繼之，亡不旋踵矣。

朝議以梁州刺史羅尚爲益州刺史，特等共迎。尚入成都，尚復與特等有隙，又迫流民還秦雍，特等之作亂，屯聚綿竹，攻辛冉于廣漢。冉敗走，遂據其城。攻羅尚於成都，屢敗晉兵。略取梓潼、巴西，尋入少城。羅尚自太城襲特，斬之。特弟流等復還據綿竹，尋徙據郫城。流旋卒，衆推特子雄，爲益州牧，治郫城，進攻羅尚。尚遁走，雄入成都，即成都王位。尋稱帝，國號大成。建興二年，漢中亂，郡人張成以地歸成。于是北取漢中，東略涪陵、巴郡，西收漢嘉、越嶲。久之，復取巴東及建平二郡。寧州亦盡入于成。雄卒，子期篡立。咸康四年特弟驤之子壽，時封漢王，屯涪，引兵入成都，廢期自立，改國號曰漢。壽卒，子勢立。永和二年桓温討滅之。

張氏據河西稱涼。

張氏盛時，嘗南踰河湟。〇注：張駿略地至洮陽置武衛、石門、侯和、漒川、甘松五屯護軍，是越河湟而南也。東至秦隴，西包蔥嶺，北暨居延。張軌時分置武興、〇注：今涼州衛西北。晉興〇注：今蘭州西南。諸郡。張寶復置廣武郡今

張軌仕晉爲散騎常侍，永康二年，以時方多難，陰有保據河西之意，求守涼州，從之。軌至姑臧，芟夷盜賊，討破鮮卑，威著西土。軌卒，子寔嗣，爲其下所殺。弟茂代爲涼州刺史，規取隴西、南安地，與劉曜相持。寔子駿爲曜所敗，金城、抱罕諸郡皆没于曜。曜亡，乃復收河南地，至于狄道①。時又遣將代龜茲、鄯善，西域諸國。

①狄道：即今甘肅臨洮縣。因在狄人所居地置，因名。後置爲狄道縣。

蘭州西二百二十里。其後增置益多。永嘉初，張茂取隴西南安地，置秦州。又分武興、金城、西平、安故，置定州。張駿更以武威等郡爲涼州。○注：統十一郡。曰武威、西平、張掖、酒泉、西郡，皆故郡。曰武興、建康、湟河、晉興、須武、安故，皆張氏所置。建康今甘州衛西北，湟河今西寧衛南。須武亦在西寧衛境。興晉等郡爲河州。○注：統八郡。曰興晉，今蘭州西。或曰即今河州。張氏所置。曰今城、南安皆故郡。曰武始、永昌、大夏、漢中、武成，皆張氏置。永昌今河州東。武成、漢中，亦在河州境。敦煌等郡爲沙州。○注：統三軍三營。曰敦煌、晉昌，皆故郡。曰高昌，今火州衛，是張氏所置郡。此三郡也。曰西域都護、曰四河校尉、曰玉門護軍此三營也。張祚又以燉煌郡爲商州，其後元靚又增置祁連郡、天錫又增置臨松郡。○注：祁連今甘州衛西北，臨松亦在甘州衛東南。涼張瓘嘗定五代，保據三州，西包黄嶺，東距大河，蓋涼以涼、河、沙三州爲封域也。

焉支、于闐之屬皆詣姑臧朝貢。駿子重華，始稱涼王。於時金城以東，皆屬後趙。後趙亡，復略有隴西諸郡。重華傳子曜靈，爲庶兄祚所簒弑。其下復殺祚，立曜靈弟元靚，復稱涼州王。既而重華弟天錫殺元靚自立。晉太和二年抱罕諸郡皆没于符秦。太元初，爲秦所并。

苻健據長安稱秦。

苻秦盛時南至邛僰，東抵淮泗，西極西域，○注：時東夷、西越，凡六十二國人朝于秦。北盡大磧①，置司隸于長安，秦州于上邽，尚秦州于仇池，雍州於安定，○注：後併入司隸。太和六年復置於蒲阪。涼州于姑臧，并州于晉陽。冀州于鄴，○注：太元九年移治信都，或謂之東冀州。豫州于洛陽。○注：太元五年又置東豫州于許昌。荆州于襄陽，洛州于豐陽②，晉州於晉興，益州于成都，寧州於墊江，兖州于倉垣③，徐州于彭城，揚州于下邳，幽州于薊，平州於和龍④，○注：分幽州置。青州于廣固，五湖之中爲最盛焉。

晉永嘉四年，略陽臨渭氐蒲洪自稱護氐校尉、秦州牧、略陽公。大興二年降于劉曜。曜亡，降於後趙，既又附于張駿。咸和八年，複降於石虎，虎徙秦雍民及氐十余萬户於關東，以洪爲流民都督，居枋頭⑤。及虎卒，鄴中亂，秦雍流民相率西歸，路由枋頭，推洪爲主，石鉴以洪都督關中諸軍事、雍州牧領秦州刺史。洪仍屯枋頭。尋自稱三秦王，改姓苻氏。未幾爲降將麻秋所酖死。子健領其衆，且請命於晉，稱雍州刺史，西入關，據長安，略秦雍二州地。永和七年，自稱天王，國號秦。尋稱帝。時并州亦附于秦，又并有隴西地。健卒，子生嗣。升平元年，苻堅廢生自立。時平陽、宏農以東，皆爲燕境。太和四年取燕洛陽。明年攻上黨，略晉陽，長驅入鄴，遂滅燕。咸安元年，取仇池。寧康元年，陷晉漢中，取成都，梁、益二州皆没，邛笮⑥、夜郎悉附於秦。太元初，取晉南鄉郡，又攻涼，克姑茂藏，盡取河西地，至于高昌。既又擊定代地，分代爲東西二部。四年陷晉襄陽及順陽郡。又東取彭城、下邳。六年大舉入寇，克壽陽及鄖城。

①大磧(qì)：即大漠。今蒙古國南部與中國内蒙古烏蘭察布盟、巴彦淖爾盟、錫林郭勒盟北部交界地區的戈壁大沙漠。②豐陽：今陝西省商洛市山陽縣。③倉垣：倉垣城，一名倉垣亭。在今河南開封市東北。《水經·汳水注》：『汳水東徑倉垣城南，即大梁之倉垣亭也。』④和龍：又名龍城，即今遼寧省朝陽市。⑤枋頭：又名枋堰。在今河南浚縣西南五十六里前枋城村。《水經·淇水注》：『淇水又南，曆枋堰。舊淇水東南流，徑黎陽縣界入河。……漢建安九年，魏武王於水口，下大坊木以成堰，遏淇水東入白溝，以通漕運。故時人號其處爲枋頭。』十六國後趙時，氐人苻氏自關中徙此，以衛鄴都。⑥邛笮(qióng zé)：亦作『邛筰』。邛都、笮都兩名的并稱。約在今四川西昌、漢源一帶。

中山古狄都也。春秋屬晉，戰國屬魏，秦漢爲中山郡，後改中山國。曹魏改定州，隋唐爲博陵郡。國朝改爲定州，屬真定。

慕容垂據中山爲後燕。後燕盛時，南至瑯琊，東訖遼海，西屆河汾，北暨燕代、冀州。仍治信都。幽州治龍城，平州治平郭①，

既而敗于肥水，奔還。于是慕容垂稱兵於河北，姚長、慕蓉泓等作亂於關中，晉亦乘間收河南及梁、益、徐諸州地，北戍黎陽、枋頭。十年，堅爲慕容沖所逼，長安危困，乃留長子宏守長安，出奔五將山②，爲姚萇所執。宏亦棄長安，奔下辨③。又自武都奔晉。堅世子丕守鄴，困于慕容垂，西奔晉陽，稱帝。既而南屯平陽，爲慕容永所敗，走死。其族子登前爲狄道長，抱罕諸氐共推爲雍、河二州牧，帥衆下隴，拔南安，丕因封爲南安王。及丕死，登稱帝，都雍，與姚萇戰于新平、安定、長安間。太元十九年，姚萇卒。登自雍悉衆而東，敗於廢僑④，衆潰奔平涼馬毛山⑤。姚興追戰，殺登。登子崇奔湟中稱帝，爲乞伏乾歸所逐，奔楊定于秦州⑥。定與崇共討乾歸，皆敗死，秦亡。

初垂自燕奔秦，爲苻堅所寵任。晉太元八年，堅入寇，敗還。垂軍獨全。以兵授堅，行至澠池，請安集北鄙，堅許之，垂渡河至鄴，冀州牧苻丕館垂于鄴，西會丁零，翟斌起兵於新安。

〇注：丁零世居康居，後徙中國。晉咸和五年翟斌歸于石趙，趙封斌爲句町王。趙亡，歸燕。永和七年慕容儁

①平郭：西漢置，屬遼東郡。治所在今遼寧蓋州市西南六十里熊嶽鎮稍東。《漢書·地理志》平郭縣：『有鐵官、鹽官。』西晉廢。 ②五將山：在今陝西西安西北，岐山縣東北，與麟遊縣峽口搭界。 ③下辨：秦置，治今甘肅省成縣西北。西漢改下辨道，屬武都郡。東漢複爲縣，移武都郡治此。 ④廢僑：即廢橋，在今西安府興平縣西北。 ⑤馬毛山：亦作馬髦嶺。在今寧夏固原縣西南四十裡。 ⑥楊定（？—394年），清水氐人，父名佛奴，苻堅婿。385年，在隴右建立仇池國。

兗州治滑臺①，青州治歷城，徐州治黎陽，并州治晉陽，雍州治長子。及東保龍城，州郡多僑置。幽置于令支，平州置于宿軍，青州置于新城，并州置于凡城，冀州置于肥如②。其視前燕版圖，抑又末矣。

後封翟鼠爲歸義王，居中山。秦滅燕，徙其族新安、澠池間。斌因起兵，謀攻洛陽。堅驛書使垂討之。垂因聚兵至河内，濟河焚橋，欲襲洛陽。豫州牧苻暉閉門固守，翟斌遂帥衆歸垂。垂以洛陽四面受敵，欲取鄴據之。乃引兵東取滎陽，自稱燕王。自石門濟河長驅向鄴③，遂攻之。而分兵略故地。冀州郡縣，次第皆歸于燕。又北取薊城及和龍。時鄴中饑困，符丕棄鄴奔晉陽，垂取鄴，又徇下渤海、青河諸郡。都中山，尋稱帝。十二年，垂遣軍南取歷城。青、兗、徐諸州郡縣，亦多附燕。會丁零翟遼據黎陽，寇略河濟間，尋稱魏天王，徙屯滑臺。遼卒，子釗繼。十七年，垂擊釗，盡取其地釗據有黎陽七郡。十九年復并西燕，又遣慕容農等濟河，南略東平、高平、泰山、瑯琊諸郡，進軍臨海，轉入臨淄而還。二十一年，垂卒，子寶嗣位。魏拓跋珪侵奪并州，東圍中山，盡取常山以東郡縣。惟中山、鄴、信都爲燕城守。隆安元年，魏拔信都，中山圍急，寶遂東保龍城、中山，人推慕容詳爲主，以拒魏。慕容麟復襲入中山，斬詳稱帝。既而魏克中山，取鄴，大河以北，悉爲魏地。龍城復亂，寶爲其臣蘭汗所弑，寶子盛尋殺汗，復有遼西東地。又擊高句麗，拔其新城、南蘇二城。隆安二年，盛爲

①滑臺：即今之河南省滑縣。相傳古有滑氏，於此築壘，後人築以爲城。②肥如：西漢置，屬遼西郡。治所在今河北盧龍縣北潘莊鎮沈莊一帶。《漢書·地理志》注：應劭曰：『肥子奔燕，燕封於此。』故名肥如。隋開皇六年（586）廢。③石門：《讀史方輿紀要》：『在鄭州河陰縣西二十裡。』

其臣段璣所弑。垂庶子熙代立。義熙五年，馮跋等作亂，推高雲爲主。燕亡。

慕容永據長子，爲西燕。

有上黨、太原、平陽、河東、樂平、新興、西河、武鄉。○注：武鄉石勒所置郡。八郡地。十九年爲垂所滅。

晉太元九年，慕容垂起兵攻鄴，北地長史慕容泓聞之，亡奔關東，收集鮮卑，還屯華陰。平陽太守慕容沖亦起兵平陽，進攻蒲阪，戰敗奔泓。泓進向長安，爲謀臣高益所殺，立沖爲皇太弟。沖屢敗秦兵，進據阿房，稱帝，與秦兵相待。秦兵數敗。旋棄長安，沖入據之。十一年，沖爲其將韓延所殺。推段隨爲燕王。未幾慕容恒、慕容永共殺隨，立慕容顗爲燕王，走長安而東至臨晉，恒弟韜誘殺顗，恒復立沖之子瑶爲帝。永與韜等相攻，衆皆去瑶，奔永。永執瑶，殺之。又立泓之子忠爲帝。至聞喜，刁雲等共殺忠，推永爲河東王，稱藩于燕。既而秦主丕自晉陽移屯平陽以拒永。永求假道東歸，弗許。戰于襄陵，丕大敗走，死。永東據長子，稱帝，有上黨等八郡地。十九年爲垂所滅。

姚萇據長安，亦稱秦○注：史謂之後秦。

姚秦盛時其地南至漢川，東逾汝潁，西控西河，北守上郡，置司隸于長安，秦州於上邽，雍州于安定，并州于蒲阪。○注：又冀州亦置於蒲阪。河州于抱罕，涼州于姑臧。○注：時又有梁、益諸州，未詳所治。豫州于洛陽，兖州于倉垣，徐州於項城，荊州於上洛，較之符秦，蓋及半而止矣。

初姚弋仲爲南安赤亭羌酋①，永嘉六年東徙隃眉②，戎夏隋之者數萬，自稱護羌校尉、雍州刺史、扶風公。大寧初降于劉曜，曜亡，降於後趙。咸和八年，石虎以弋仲爲西羌大都督，帥衆徙居青河之灄頭③。永和八年，弋仲卒。子襄降晉，尋復叛，侵擾淮泗，出没許、洛間。升平初，襄自河東屯關中，秦符生遣符黄眉等擊之，襄敗死於三原④，弟萇帥衆降秦。太元九年，慕容垂起兵關東，慕容泓等應之，軍于華陰。堅使符叡討之，以萇爲司馬。叡敗死，萇懼罪，奔渭北馬牧⑤。羌豪共推萇爲盟主。萇自稱秦王，進屯北地，攻新平，尋克之。復取安定。會堅自長安出奔五將山，萇遣將吴忠襲執堅幽于新平，既而殺之。十一年，萇以慕容顗去長安，乃自安定引兵而南，遂入據之，稱帝。既而與秦主符登相持于新平、安定間。十八年萇卒，子興嗣。尋敗符登于廢橋，登走死。西取上邽，東收蒲阪。隆安初，略取宏農、上洛諸郡。三年，陷洛陽。淮漢以北諸城，多降于秦。四年，伐西秦，取抱罕。西秦王乾歸降。明年伐後涼，吕隆亦降。於是秃髮傉檀、沮渠蒙遜、李暠皆奉朝貢，爲藩臣。

①赤亭：今甘肅隴西縣西首陽鎮。東漢時燒當羌的一支姚氏徙居於此。②隃眉：即隃糜，在今陝西千陽縣東。③灄(shè)頭：亦名羌壘。在今河北棗强縣東南。《水經·淇水注》：『清河北徑廣川縣故城南……水側有羌壘，姚氏之故居也。』④三原：《元和志》卷一《三原縣》：『以其地西有孟侯原，南曰豐原，北曰白鹿原。』故名。北魏太平真君七年(446)改置三原縣。⑤馬牧：牧苑，牧場。

元興二年，徵吕隆入朝，使王尚鎮姑臧。義熙元年，割南陽、順陽、新野、舞陰十二郡歸于晉。二年，以姑臧畀傉檀②。三年赫連勃勃叛，嶺北郡縣多被侵陷。六年，乾歸復攻略隴西諸郡，秦日以弱。十二年，子泓嗣。明年，爲劉裕所滅。

乞伏乾歸據苑川①。○注：今靖鹵衛西南。亦稱秦。○注：史謂之西秦。

盛時其地西逾浩亹。○注：今西寧衛東，東極隴坻，北拒河南，略吐谷洋，置秦州于南安，河于抱罕。○注：又嘗置定州于此義熙，十年改置涼州。尋復為河州，涼州於樂都○注：義熙十四年置。

初，隴西鮮卑乞伏述延居于苑川，歸劉曜，曜亡。述延懼，遷于麥田③，再傳至司繁，降秦以爲南單于，留之長安，而以司繁從叔吐雷爲勇士護軍，撫其部衆。寧康元年，遷鎮勇士川④。尋卒。子國仁嗣。太元八年，秦堅入寇，以國仁爲前將軍，領先鋒騎。及堅敗，國仁遂迫協諸部拒秦。十年，國仁自稱秦河二州牧。分其地置武城、武陽、安固、武始、漢陽、天水、歷陽、灄川⑤、甘松、匡朋、白馬、苑川十二郡。○注：其地皆在今鞏昌、臨洮及岷洮諸衛境内。築勇士城而都之。十二年，苻登封國仁爲苑川王，尋卒，衆推其弟乾歸爲河南王，遷都金城。苻登以爲金城王，又改爲河南王，又進封凉王。苻登爲姚興所敗，死，其子崇立，稱帝于湟中。乾歸逐之，崇奔隴西王楊定，與定共擊乾歸，皆敗死。乾歸于是取

①苑川：十六國前秦置苑川縣，治今陝西省寶雞市陳倉區東。②畀(bì)：給予。③麥田：地名。在今甘肅靖遠縣東北。④勇士川：即今甘肅榆中縣苑川河流域。以在漢勇士縣境内，故名。一稱『苑川』。西晉末鮮卑乞伏部遷居於此。十六國前秦苻堅曾以乞伏吐雷爲勇士護軍，後乞伏司繁又鎮勇士川。⑤灄川：在今甘肅境内洮河流域。洮河因源出强臺山(今西頃山)，故洮水亦兼灄川之名。

隴西郡，稱秦王，遷都苑川。是時姚興伐西秦，乾歸兵敗，自金城奔允吾①，乞降於南涼利鹿孤，尋又降秦。秦使還鎮苑川。義熙二年，乾歸朝秦，複留之，而以其子熾磐監其部衆。乾歸自秦逃歸，復稱王。尋爲乞伏公府所弑。熾磐遣兵討誅之，遷于抱罕，自稱河南王。襲南涼，以傉檀歸殺之，遂并其地，復稱秦王。熾磐卒，子暮末立，後爲蒙遜所逼，求迎于魏，如上邽，爲夏人所拒。乃保南安，其故地皆入于吐谷渾。既而略陽複降于夏，夏主定遣將攻南安，暮末窮蹙出降，旋爲所殺。

楊茂搜據仇池亦稱秦。

漢建安中，天水氐杨騰者，世居隴右。子枸徙居仇池，孫千萬附魏，魏封爲百頃王②。千萬孫飛龍復居略陽。飛龍以其甥令狐茂搜爲子，晉元康六年，關中齊萬年作亂，茂搜帥部落還仇池，自稱輔國將軍、右賢王。自是益强。建武初，子難敵自稱左賢王，屯下辨。其弟坚頭自稱右賢王，屯河池③。永昌元年，劉曜擊之，難敵降。大寧初，難敵奔漢中，降成。仇池歸于劉曜。

①允吾：西漢昭帝始元六年(西元前81年)置縣，爲金城郡治。讀作『沿牙』。《後漢書》顔注：『允吾，縣名，屬金城郡，故城在今蘭州廣武縣西南。允音沿。吾音牙。』治所即今青海民和回族土族自治縣馬場垣鄉下川口村。一説在今甘肅永靖縣西北。三國魏廢。前涼複置，仍隸金城郡。前秦、後涼、南涼、西秦、北涼沿置。北魏時廢。 ②百頃：地名。在今甘肅省境内，舊時爲氐族楊氏世居之處。《宋書·氐胡傳》：『(楊)騰子駒，勇健多計略，始徙仇池。仇池地方百頃，因以百頃爲號。』《初學記》卷八引《三秦記》：『仇池山號百頃，上有百頃池，壁立百仞，一人守道，萬夫莫向。』 ③河池：在今甘肅徽縣。

未幾，難敵襲據武都，叛成，自守三年，復據仇池，尋稱藩于晉。咸和九年，難敵子毅嗣，稱下辨公。既而其族互相爭殺，國亂。符秦遣兵攻之，仇池亡。太元十一年，符丕以楊定爲雍州牧，定亦隴右氏，仕秦爲衛將軍，與慕容沖戰，爲所獲，亡奔隴右，收集舊衆。丕因而命之。定自上邽徙治歷城，置儲蓄于百頃，仍稱仇池公，稱藩于晉。又略取天水、略陽地，稱隴西王。十九年，與秦王登之子崇攻乞伏乾歸，敗死。隴西之地皆入於乾歸。其徒弟盛先守仇池，復稱秦州刺史、仇池公，亦稱藩于晉。義熙元年，譙縱亂蜀，漢中空虛。盛遣其兄子撫據之。是年，後秦伐仇池，攻漢中，楊盛降秦。三年盛複使符宣入漢中，通於晉。盛因以宣行梁州刺史。宋永初三年，封盛爲武都王。元嘉二年，盛卒，子玄嗣。魏封玄爲南秦王。玄卒，其弟難當廢玄子保宗而代之，魏拜難當爲南秦王。難當旋叛宋，襲宋漢中，據之，自稱大秦王，寇宋漢川。宋遣兵討平之。二十年，仇池複爲魏所取。分其地爲武都、天水、漢陽、武階、仇池，爲五郡。既而楊玄弟文德復據葭蘆①，其後轉徙于葭蘆、白水、武興之間。至梁天監四年，魏取漢中，楊集起等懼，帥羣氐叛魏，復立其兄子楊紹先爲帝魏人

①葭蘆：今甘肅武都東南。

吕光據姑臧，亦稱涼。〇注：史謂之後涼。

光據姑臧，前涼舊壤，宛然如昨也。乃未滅而紛紜割裂。迨涼之亡姑臧而外惟餘蒼松。〇注：今莊浪衛西。番禾。〇注：今永昌衛西。二郡而矣。

擊敗之，克武興，執紹先，遂滅之。其後紹先乘亂自洛陽逃還武興，復稱王。西魏大統十七年，達奚武入漢中，兼取武興，楊氏始亡。

吕光仕符秦爲驍騎將軍。晉太元七年，車師前部及鄯善王朝奏請爲鄉導，以討西域之不服者。堅使光將兵伐西域，八年光行越流沙三百余里，焉耆等國皆降。九年，光以龜茲不下，攻之。獪胡王及温宿、尉頭諸國①，合兵救龜茲，爲光所敗，王侯降者三十余國。遂入龜茲，撫定西域。尋引還，至高昌，高昌迎降。入玉門、敦煌，晉昌皆降。敗涼州兵于安彌②。武威太守彭濟殺涼州刺史梁熙以降。光遂有涼州。自領州刺史，稱酒泉公、三河王。十七年擊南羌彭奚念，取抱罕。二十一年自稱天王。隆安三年立紹爲天王，自稱太上皇帝，旋卒。紹庶兄篡弑紹而代之。五年吕超殺篡而立其兄隆。隆光弟寶之子。既而秦主興，使姚顾德伐涼，自金城濟河直趨廣武軍。至姑臧涼兵大敗。隆尋請降。元興二年，秦徵隆入朝，以王尚代爲涼州刺史。

①獪(kuài)胡：中國古代西北民族名稱，其名初見於晉朝太康年間(280-289)，其人大約遊牧於伊塞克湖周圍，并建國。温宿：在今新疆温宿縣、烏什縣境内，阿克蘇河支流托什幹河中游。尉(yù)頭：在今新疆阿合奇縣的哈拉奇鄉一帶。②安彌：東漢改綏彌縣置安彌縣。治今甘肅酒泉市東。東漢至西魏屬酒泉郡。

秃發烏孤據廉川○注：今西寧衛西南。爲南涼。

南涼盛時，東自金城，西至西海，南有河湟，北據廣武，至拱手而得姑臧。爲計得矣，乃卒①，不能并樂都而失之。然則廣地固不可恃哉。

初鮮卑秃髮樹機能，雄長河西，其从弟曰務丸，傳至烏孤。晉太元十九年吕光遣使拜爲河西鮮卑大都統。二十年，破乙弗折掘部，築廉川堡而都之②。隆安初，自稱西平王，治兵廣武，克涼金城。二年取涼嶺○注：洪池嶺在涼州衛南。南五郡。○注：廣武、西平、樂都、湟河、浇河也。樂都五郡俱在今西寧衛境内。改稱武威王。三年徙治樂都，尋置涼州於西平，以其弟利鹿孤鎮之。明年利鹿孤嗣立，遂徙治西平。五年更稱河西王。元興元年，克涼顯美今涼州衛西北及魏安今莊浪衛西，徙其民于樂都。利鹿孤卒，弟傉檀襲位，更稱涼王，還于樂都。義熙二年傉檀獻羊馬于秦，秦主興使爲涼州刺史，代王尚鎮姑臧。傉檀遂入姑臧，使其弟文支鎮之而還。繼又迁于姑臧。三年，與沮渠蒙遜相攻。蒙遜取西郡。又赫連勃勃來伐，入枝陽，傉檀追之，大敗于陽武下峽③。四年秦遣兵襲姑臧，敗去，傉檀復稱涼王。既而屢爲蒙遜所敗。六年複還樂都。姑臧遂入于蒙遜。九年，蒙遜進圍樂都，湟河降於蒙遜。十年，傉檀西襲乙弗等，留其子虎台居守。西秦王熾磐乘虚襲樂都，樂都尋潰。傉檀還，降于熾磐，既而爲熾磐所殺。○注：南涼之亡，有樂都、西平、廣武、浩亹四郡。

①卒：原作『平』，据《四部备要》本改。 ②廉川堡：故城在今青海民和縣西北史納村。背靠阿拉古大山，面臨湟水，右控老鸦峡，左挾享堂峡及浩門河。

③陽武下峽：在今甘肅省靖遠縣境黄河上。

沮渠蒙遜據張掖，爲北涼。盛時西控西域，東盡河湟。嘗置沙州于酒泉，秦州于張掖，而涼州仍治姑臧。前涼舊壤，幾奄有之矣。較于諸涼，又其後亡者也。

蒙遜本匈奴左沮渠王之後，世爲張掖、臨松、盧水胡部帥。晉隆安初，蒙遜諸父沮渠羅仇等仕于吕光，爲光所殺。蒙遜因與諸部結盟起兵，屯據金山，旋爲吕光子簒所敗，逃入山中。其從兄男成聞蒙遜起兵，亦聚衆屯樂涫①，攻拔酒泉，進攻建康②〇注：在今甘州衛西北。因推建康太守段業爲涼州牧，蒙遜亦帥衆歸業，業拜爲鎮西將軍。二年業使蒙遜攻涼西郡，拔之。晉昌、燉煌皆降。子業又取張掖，因徙治焉。三年業稱涼王，尋遷蒙遜爲張掖太守。又出爲西安太守。五年，蒙遜自西安襲擊業，殺之。其黨公推蒙遜爲涼州牧、張掖公。義熙三年，攻南涼，取西郡。又屢敗南涼兵。傉檀懼，引還樂都，姑臧降于蒙遜。八年蒙遜迁于姑臧，稱河西王。九年敗南涼，取湟河郡。十一年，攻西秦，拔廣武郡。十三年敗西涼，城建康而戍之。宋永初元年，滅西涼，并其地。六年攻西秦樂都郡。六年取西平郡。八年魏拜蒙遜爲涼州牧、涼王。〇注：時金王武威、張掖、酒泉、敦煌、西海、金城、西平七郡。城仍爲吐谷渾所據。九年蒙遜卒，子牧健嗣。魏復拜爲河西王。十六年魏主圍姑臧，牧健降。

①樂涫(guàn)：西漢置樂涫，治今甘肅省酒泉市東南。屬酒泉郡。十六國前涼屬建康郡。西元405年西涼建康郡治此。北魏滅北涼，改縣爲戍，孝文帝複爲縣。隋改縣爲鎮。唐武德二年(619)改置福禄縣。②建康：建康郡，十六國前涼張駿置，治今甘肅省高臺縣西南，一説在今高臺縣西。屬涼州。轄境相當今高臺縣及酒泉市東南一帶。後涼龍飛二年(397)建康太守段業被推爲涼州牧、建康公，始建北涼政權，都於此，次年徙治張掖縣(今甘肅張掖市西北)。西涼建初元年(405)張體順爲建康太守，曾一度鎮樂涫(今甘肅酒泉市東南)。隋廢。

牧健弟無諱起兵燉煌，拔魏酒泉，又攻張掖，不克。請降于魏，歸酒泉郡。魏因以爲凉州牧、酒泉王。十九年無諱棄敦煌，奔鄯善。鄯善王比龍懼，奔且末。無諱遂據鄯善，旋襲取高昌而據之。奉表向宋，宋封爲河西王。二十一年無諱卒，弟安周代立。二十七年襲車師前部②，拔其城。大明四年，柔然攻滅之。

李暠據燉煌①，爲西凉。

西凉有郡凡七：曰敦煌，曰酒泉，曰晉興，曰建康，曰凉興，皆故郡也。又有會稽郡。○注：在今肅州衛西境。廣夏郡○注：即今廢沙州衛之廣至城。皆李暠所置。凉亡時，又有新城郡。○注：在今沙州廢衛境。或曰李歆置。

初，隴西李暠仕段業，爲效穀令。晉隆安四年，敦煌護軍郭謙等共推暠爲敦煌太守。既而晉昌太守唐瑶以郡叛，移檄六郡。○注：敦煌、晉昌、凉興、建康、祁連。推暠爲沙州刺史、凉公。暠兵東取晉興，西取玉門以西諸城。五年，蒙遜所部酒泉、凉寧二郡來降。義熙元年，暠自稱秦凉二州牧，遷治酒泉。十二年，子歆嗣。宋永初元年，爲蒙遜所滅。

①暠：音hào。②車師前部：漢宣帝時，分其地爲車師前後兩部等，後皆屬西域都護。車師前部治交河城，後部治務塗谷。

慕容德據滑臺，爲南燕。

南燕之地，東至海，南濱泗上，西帶钜野，北薄于河。置司隸于廣固。○注：慕容德初置青州于廣固，荊州於東萊，慕容超改荊州為青州，而以青州為司隸，兗州於梁父，青州于東萊，并州于平陰，幽州于發干。○注：在今東昌府堂邑縣。西南，徐州于莒城，而慕容超乃自謂據五州之地者也。

晉太元二十一年，後燕慕容寶嗣位，以垂之弟範陽王德爲冀州牧，鎮鄴。既而魏拓跋珪取并州，自井陘進攻中山①，分軍攻鄴，德拒却之。隆安元年燕主寶東走龍城、中山，尋爲魏陷。將欲并軍攻鄴，會慕容麟自中山奔鄴，説德南趨滑臺，阻河以伺釁②，德從之，棄鄴南徙，自稱燕王。三年德西討叛將苻廣，滑臺叛降於魏。陳潁之民亦多附魏。德無所歸，乃引師而南。兗州北鄙郡縣皆降下。尋據瑯琊，取莒城，進克廣固，遂都之。四年，德稱帝。義熙元年卒，兄納之子超嗣位。六年，劉裕討滅之。

譙縱亦據蜀，稱成都王。

譙縱之地，北不得漢中，南不踰邛僰。初置益州于成都，巴州于白帝，又嘗僑置秦于晉壽，梁于涪城，二州規模，亦淺狹矣。

義熙元年，益州刺史毛璩以桓振陷江陵，將討之。使其弟瑾等出外水，參軍譙縱出涪水。縱等至五城水口③，其眾作亂殺毛瑾于涪城，推縱爲涼秦二州刺史。璩行至略城，聞變，還成都，遣軍討之，大敗。益州營户李騰開城納縱，殺璩，自稱成都王。二年劉裕遣毛修之討縱，至宕渠，軍中作亂，還屯白帝。三年使劉敬宣討之，不克。六年縱使譙道福陷巴東。九年裕復遣朱齡石寸討滅之。

①井陘(xíng)：今河北省石家莊市井陘縣，位於來晉冀交匯處。②伺釁(xìn)：亦作『伺舋』。尋找可乘之機。③五城水口：在今四川三臺縣潼川鎮。

赫連勃勃據統萬①，稱夏。勃勃盛時，南阻秦嶺，東戌蒲津，西收秦隴，北薄于河。置幽州于大城。○注：今榆林衛東北。朔州于三城。○注：今延安府東南。雍州于長安，并州于蒲阪，秦州于上邽，梁州于安定北，秦州于武功，豫州于李閏。○注：同州東北。荊州于陝。其地不逮姚秦而雄悍過之。

初，匈奴劉務恒世爲鐵弗部落大人。務恒南匈奴右賀王去卑之後，再傳至衛辰，降于苻秦，又叛附於代，尋復叛代。寧康二年，爲代王什翼健所敗。太元元年，衛辰患代之逼，求救于秦。秦王堅遣兵擊定、代地，分代民爲二部，自河以東屬劉庫仁，河以西皆屬衛辰。尋復叛秦，劉庫仁擊破之。久之堅以衛辰爲北西單于，屯代來城，士馬漸盛。十六年，魏王桂擊滅之。少子勃勃奔薛干部，薛干部送之于没亦干。元興初，魏遣軍擊高平，没奕干棄部衆與勃勃奔秦州。既而姚興以勃勃爲安北將軍，使助没奕干鎮高平。尋又以勃勃爲五原公，配以三交、五郡鮮卑及雜虜二萬餘落②，鎮朔方。會秦復與魏通，勃勃怒，遂謀叛秦，襲殺没奕干而并其衆。義熙三年，自稱大夏王。既而破鮮卑薛干部等部，進攻三秦城以北諸戍，侵略嶺北諸城，又西擊禿發傉檀于枝陽。七年，攻秦平涼，拔定陽，又寇隴右諸城鎮。九年，築統萬而居之。十三年，劉裕滅秦，勃勃知其不能久留，乃進據安定，嶺北郡縣鎮戍皆降。十四年，入長安，稱帝。東略至陝，又取蒲阪。宋元嘉二年，勃勃卒。

①統萬：位於鄂爾多斯草原南部的薩拉烏蘇河畔的沙漠之中，俗稱『白城子』，在今陝西省靖邊縣紅墩界鄉白城子村。②三交：《讀史方輿紀要》卷四十《山西二太原府》：『三交城府北五十里。相傳晉大夫竇鳴犢所築城也。舊有三交驛，路通忻州。宋《長編》：河東有地名三交，契丹所保，多由此入寇。太平興國中，詔潘美屯三交口，潛師拔之。美積粟屯兵，寇不敢犯。又雍熙三年，賀懷浦將兵屯三交，即此城也。《一統志》城在府北五里，誤。又廢白馬府，在府西北五十里，隋置，屯兵之所也。』五郡：《晉書·載記》第三十《赫連勃勃》作『五部』。

馮跋據和龍，爲北燕。

馮氏襲燕舊壤，司隸治和龍，以并、青二州鎮白狼，幽、冀二州鎮肥如。餘仍舊。

何氏曰：曹魏承喪亂之餘，西北諸郡地荒民少，戎夷僭居。晉之興，劉淵匈奴也，而居晉陽。石勒羯也，居上黨。姚氏羌也，居扶風。

子昌嗣。取宏農、蒲阪，遂入三輔，取長安。四年，魏克統萬，昌奔上邽。既而安定亦降于魏。五年，爲魏將尉眷所攻，自上邽退屯平涼，尋攻安定，爲魏將安頡所擒。其弟定奔還平涼，稱帝。魏將頡追擊之，敗没。定因復取安定及長安。七年，定復爲魏所敗，走保上邽。于是長安、臨晉、武功諸城鎮皆入於魏。八年定攻南安，滅西秦，尋畏魏逼，自治城濟河①，欲擊沮渠蒙遜而奪其地。吐谷渾王慕璝遣兵邀擊②，擒之，夏亡。

初慕容皝破高句麗，徙其支屬于青山③。高雲仕燕主寶，爲侍禦郎，隆安元年，寶還龍城，其子會作亂，雲以功爲建威將軍。封夕陽公，爲寶養子。與中衛將軍長樂馮跋相友善，及慕容熙即位，無道，跋得罪亡命山澤。義熙三年，因間入龍城，與其徒作亂，推雲爲主，殺熙。雲復姓高氏。于是幽州刺史慕容懿以令支降魏。跋爲雲所寵任，其弟宏皆柄用。五年，雲爲寵臣離班、桃仁所殺，衆推跋爲主。跋遂即天王位自立。

①治城：十六國前涼張氏築，在今甘肅積石山保安族東鄉族撒拉族自治縣西北崔家莊附近。②璝：音guī。③青山：今遼寧義縣東。《讀史方輿紀要》卷37《義州衛》：『（青山在）衛東三十里。上有塔。』

符氏氏也，居臨渭，慕容鮮卑也，居昌黎。及劉淵一倡，并、雍之胡，乘機而起。始于永興之初，訖于元嘉之際，爲戰國一百三十有六年。○注：王氏曰：志所稱十六國者，二趙、五涼、四燕、三秦、一蜀、一夏也。附劉曜於前趙，附冉閔於後趙，附西燕于後燕，附譙縱于李蜀，故不曰二十國。又仇池嘗臣附于南北間，故不稱國。

劉裕奮自草澤，克翦逆玄①。北平廣固，南靖番禺，西定巴蜀，又克長安，而晉祚以移。都建康，國號宋。然長安旋没于夏，河南州郡復陷于魏，最後又失淮北及淮西地，所有州凡二十二。○注：宋初有州二十二，泰始七年始增置越州。沈約曰：有州二十二，今從之。

九年，魏人圍和龍、肥如，諸城皆降魏。明年，魏復攻宏。十二年，魏復圍和龍，大略而還，燕日危蹙。因請迎于高句麗。十三年，魏將娥清等復伐燕，高麗來迎，宏遂焚和龍而東，旋爲高麗所殺。

①逆玄：桓玄(369–404)，字敬道，小字靈寶，譙國龍亢(今安徽懷遠)人，東晉大司馬桓温之子。襲爵南郡公，世稱『桓南郡』。大亨元年(403)，威逼晉安帝禪位，在建康(今江蘇南京)建立桓楚，改元『永始』。不久，劉裕舉北府兵起義，桓玄敗逃江陵重整軍力，遭西討義軍擊敗。試圖入蜀，被益州督護馮遷殺死。

揚州〇注：治建康。統郡十一。

丹陽

會稽

吳郡

吳興

淮南

宣城

義興

東陽

臨海

永嘉

新安　俱晉舊郡。孝建三年，分揚州之會稽、東陽、新安、永嘉、臨海五郡爲東揚州①。大明三年，又改州爲王畿，而東揚州直云揚州。廢帝罷王畿，復爲揚州，而揚州還爲東揚州。

①五郡：『郡』原作『即』，改。

南徐州。○注：治京口。統郡十六。

南東海　治丹徒縣。今鎮江府治。

南瑯琊　治臨沂縣。今應天府西北三十里有廢臨沂縣。

晉臨　治晉臨縣。今常州府治。

南蘭陵　治蘭陵縣。今常州府西北五十里廢蘭陵城。

南東莞　治東莞縣。

臨淮　治海西縣。

淮陵　治司吾縣。

南彭城　治吕縣。

南清河　治清河縣。

南高平　治金鄉縣。

南平昌　治安邱縣。

南濟陰　治城武縣。

南濮陽　治廩邱縣。

南泰山　治南城縣。

南濟陽　治考城縣。

南魯　治魯縣。皆晉南渡後僑置于丹陽、吴郡境内。沈約《志》：泰始四年割揚州之義興屬南徐州。

徐○注：治彭城。统郡十二。

彭城

下邳

蘭陵

東海

東莞

東安

瑯琊

沛郡　皆舊郡

淮陽　治甬城。今宿遷縣東南百有餘里。

陽平　治館陶。郡縣皆僑置。或云在今邳州境。

濟陰　僑治睢陵縣。在今泗州盱眙縣西六十里。

北濟陰　治城武縣。

沈約曰：宋亡淮北，元徽初分南兖北豫之境，置徐州，治鍾離①，領郡三。曰鍾離，舊也，本屬南兖。曰馬頭，治虞縣，在今鳳陽府懷慶縣西南二十里，本屬豫州。曰平昌，治頓邱，今和州東有頓邱城，時新置郡也。又泰始三年，分徐州，置東徐州，治团城，即故東莞郡城，旋降于魏。

南兖〇注：治廣陵。統郡九。

廣陵

海陵

山陽

盱眙

泰郡

鍾離〇注：皆晉郡。

南沛　治蕭縣。在廣陵境内。

①鍾離：位於鳳陽縣板橋鎮古城村。

北沛

臨江　二郡未詳所理。

沈約曰：南兗初領郡九，後領十一。南沛而外，有新平郡，治江陽北。淮陽郡，治晉寧北。濟陰郡，治廣平北。下邳郡，治潼縣①。東莞郡，治莒縣。皆失淮北後所僑置，而無北沛、臨江二郡。又鍾離郡改屬南徐州，是十一郡也。

兗州〇注：初治滑臺，又寄治彭城，徙置須昌，元嘉三十年，複置瑕邱。泰始二年，兗州降魏，僑置於淮陰。統郡六。

泰山

高平

魯

東平

濟北　皆故郡。

①潼縣：即僮縣。南朝宋僑置，在今江蘇沭陽縣南六里。《宋書·州郡志》作『潼縣』。

陽平　沈約曰：治館陶。元嘉中僑置于無監縣境①。淮北既失，諸郡亦寄治淮南境内云。

南豫○注：治歷陽。

歷陽

廬江

晉熙

弋陽

安豐　皆故郡。

南譙　治山桑縣。今無爲州巢縣東南二十里有南譙城。

南汝陰　治汝陰縣。今廬州府治是。

南梁　治睢陽縣。今鳳陽府西南九十里有故梁城是。

汝南　治平輿縣。

新蔡　治新蔡縣。

東郡　治項縣。

①無鹽：故城在今山東东平一帶。

南頓　治南頓縣。
潁川　治邵陵縣。
西汝陰　治汝陰縣。
汝陽　治汝陽縣。
陳留　治浚儀縣。皆僑置于淮南境内。
邊城左郡　領雩婁等縣①。今壽州霍邱縣西南八十里有雩婁故城是。
光城左郡　治光城縣。今汝寧府光州光山縣。
南城左郡　未詳所治。

豫　○注：治壽陽，或治汝南。晉義熙九年，割揚州大江口以西、大雷以北，悉屬豫州。豫州之基址自此而立。永初二年，分淮東爲南豫州，淮西爲豫州，亦曰西豫州，亦曰北豫州。統郡十一。
汝南

①雩（yú）婁：今河南商城縣東北部、固始縣南部，安徽霍邱縣部分地區。

新蔡
譙
梁
陳
南頓
潁川
汝陽
汝陰
陳留
馬頭　皆故郡。泰始三年，淮西之汝南、新蔡、汝陽、汝陰、陳郡、南頓、潁川七郡皆没于魏。元徽初，又以馬頭改屬徐州。

江○注：治潯陽。明初移鎮湓口。

統郡十。
尋陽
豫章
鄱陽
臨川

廬陵
安成
南康
建安
晉安　皆舊郡。
南新蔡　治包信[1]。僑置。
青　○注：初北青州治東陽，南青州治廣陵。後省南青州，而北青州直曰青州。孝建二年移治歷城。大明八年，還治東陽。泰始中，失淮北青州，僑置鬱洲。
舊統郡九。
齊郡
濟南
樂安
高密
平昌
北海
東萊

①包信：今河南息县东北包信集。

長廣　皆故郡。

太原　治太原縣。今濟南府長清縣東北廢升縣是。

《五代志》：武帝置樂安郡于千乘縣，即漢千乘治。泰始四年，又分青州置東青州，治不其城①。分領高密、平昌、東莞、長廣、東海五郡。旋沒于魏。

又，宋嘗置並州，亦寄治升城云。

冀　○注：元嘉九年，分青州立治，歷城。泰始二年陷于魏，與青州並寄治鬱洲。

舊統郡九。

廣川

平原

清河

樂陵

魏郡

①不其：治在今青島市一帶。

河間
頓邱
高陽
勃海　大抵皆僑郡也。

《五代志》：武帝置廣川郡于武強，今濟南府長山縣是。置平原郡於梁鄒，今濟南府鄒平縣北梁鄒城是。又置清河郡于盤陽，今濟南府淄川縣是。又文帝僑置高陽郡于樂安境內，勃海郡于臨淄境內。孝武亦嘗置幽州，亦僑治梁鄒云。

司　〇注：初與並州俱治虎牢。景平初陷沒。元嘉二十八年，僑治義陽。統郡四。
義陽
隨陽　皆故郡。
安陸　治安陸縣。今德安府治。

南汝南　治平輿。郡縣皆僑置于義陽南境。

荊州　○注：治江陵。統郡十二。

南郡

南平

天門

宜都

巴東

建平　皆故郡。

汶陽　治汶陽縣。在今荊州府夷陵州遠安縣西百里。

南義陽　治厥西縣。在今隨州西北八十五里。

新興　治定襄縣。今荊州府西北安興故城是。

南河東　治聞喜縣。在今松滋縣界。

永寧　治長寧縣。在今承天府荊門州西南。

武寧　治樂鄉縣。今荊門州北八十里有樂鄉故城。

郢　○注：治江夏。今武昌府治。孝建初分荆、湘、江三州置。統郡六。

江夏

竟陵

武陵

武昌

西陽[1]　皆舊郡。

巴陵　即晉建昌郡　○注：本屬湘州，後改郢。沈約曰：初分荊之江夏、竟陵、隨、武陵、天門，湘之巴陵，江之武昌，豫之西陽置。凡八郡，後屬司州。天門仍屬荊州。

湘　○注：治臨湘。

長沙

①西陽：西陽郡，東晉改西陽國置。治西陽縣（今湖北黄岡市東）。屬豫州。南朝宋轄境相當今湖北倒水以東、長江以北和蘄水以西地區。屬郢州。北周轄境縮小，相當今黄岡市地。爲巴州治。隋開皇初廢。南朝時有『西陽五水蠻』散居。

衡陽
桂陽
零陵
滎陽
湘東
邵陵
臨慶　即臨賀。
廣興　即始興。
始建　即始安。俱大豫中所改。

雍　○注：治襄陽。
襄陽
南陽
新野
順陽
義成①　皆舊郡。
京兆　治杜縣。今襄陽府西杜陵城是。

①義成：義成郡，東晉孝武帝時僑置，治襄陽縣（今襄樊市襄陽區）。屬揚州。南朝宋改爲實土，治義成縣（今丹江口市）。轄境約當今湖北省丹江口市地。屬雍州。西魏改『成』爲『城』。北周廢。

始平　治武當縣，今均州。

扶風　治築陽。今穀城縣東四里築陽故城。

南上洛　治上洛縣。沈約曰：地名曰口，在今興安州洵陽縣界。

河南　治河南縣。今新野縣東北有河南城。

廣平縣　今新野縣西。故朝陽縣。

冯翊　治鄀縣。今宜城縣西南有鄀縣城。

南天水　治華陰縣。在襄陽城外。

華山　治華山。沈約曰：治大堤。今宜城縣南漢南城是。

北河南　治新蔡縣。沈約曰：地名宛中。

宏農　治邯鄲縣。沈約曰：地名五壟。俱在南陽城外，皆僑置郡也。

梁　○注：初治南城，即今漢中府褒城縣。元嘉十年還治南都。統郡二十。

漢中

新城

魏興

上庸

晉壽　皆故郡。

新興　治吉陽縣。今上津縣西故吉陽城是①。

華陽　治華陽縣。沈約云：寄治州下。

新巴　治新安縣。在今南部縣境。沈約曰：晉安帝分巴西郡置。

北巴西郡　○注：即舊巴西。

北陰平　即故陰平郡。或曰在今四川昭化境。

南陰平　亦治陰平縣清水城是。

①上津：上津縣，南朝梁改上洛縣置，爲上津郡治。治所在今湖北鄖西縣西北上津鎮。隋屬上洛郡。唐屬商州。

懷安　治懷安縣。沈約曰：寄治州下。

宋熙　治興樂縣。或曰在今保寧府巴州界。

白水　治新巴縣。在今廣元縣界。

南上洛　治上洛縣。在今興安州平利縣界。

北上洛　治北上洛縣。在今興安州界。

安康　治安康縣。今興安州漢陰縣也。

南宕渠　治宕渠縣，即蜀漢所置郡。在今渠縣東北。

懷漢　治永豐縣，未詳所在。皆新郡及僑置郡也。

秦○注：與梁州同，治南鄭，亦曰南秦州。元嘉二年，以武都爲北秦州，授仇池。楊元十九年，克仇池，又置北秦州，旋沒于魏，而秦州如故。統郡十四。

武都　治下辨縣。

略陽　治略陽縣。

安固　治桓陵縣。

西京兆　治藍田縣。

南太原　治平陶縣。

南安　治獂道縣①。

馮翊　治蓮勺縣②。

隴西　治襄武縣。

始平　治始平縣。

金城　治金城縣。

安定　治朝那縣③。

天水　治阿陽縣④。

西扶風　治郿縣。

①獂道縣：治所在今隴西縣三臺跑龍溝口與渭河交接處喬家門新莊一帶。②蓮勺縣：即蓮勺縣。秦始皇二十七年（前220）前置，屬内史，故址在今渭南市臨渭區交斜鎮來化村。③朝（Zhū）那（nuó）：西魏大統元年（西元535年）治。治今甘肅靈臺西北。隋廢。西魏、北周時，曾為安武郡治所。④阿陽：故址在今甘肅天水市張家川回族自治縣和平涼市靜寧縣一帶。

北扶風　治武功縣。自武以下，大抵皆僑郡也。錯置于梁州境內。

益〇注：治成都。統郡二十九。

蜀郡

廣漢

巴西

梓潼

巴郡

江陽

越巂

汶山

犍爲

沈黎[1]　皆舊郡。

遂寧　治巴興縣。今遂寧縣是。

①沈黎：治在今四川漢源縣東北。

寧蜀　治廣漢縣。今双渚縣。
懷寧　領治平等縣。
始康　領始康等縣。皆寄治成都。
南陰平　領陰平等縣。沈約曰：治葭楊。在今德楊縣西。
北陰平　領陰平等縣。在今龍安府東。
晉熙　治晉熙縣。在今德楊縣界。
晉原　治晉原縣。今成都府崇廣州。
宋寧　領欣正等縣。沈約曰：寄治成都。
安固　領略陽等縣。在成都東境。
新城　治北五城縣。今潼川中江縣東。
南晉寿　領晉壽縣①。

①晉壽縣：今四川彭州市西北。

宋興　領南漢等縣。沈約曰：寄治成都。

南宕渠　領宕渠等縣。《起居注》曰：元嘉十六年，自梁移益州。或云僑置於宕渠南境。

東江陽　治漢安縣。今瀘州江安縣。

南漢中　領長樂等縣。

武都　領武都等縣。

南新巴　領新巴等縣①。

天水　領永興等縣。俱未詳所在，皆新置及僑郡也。

寧○注：治建寧。統郡十五。

建寧

晉寧

牂牁

夜郎

朱提

①新巴：治在今四川江油市雁門壩一帶。

南廣
梁水
興古
永昌
西平
興寧
雲南
東河陽
西河　皆故郡。
平蠻　即故平夷郡。
廣〇注：治南海。統郡十八。
南海
晉康
新寧
永平
鬱林
新會
東莞

義安
晉興
蒼梧
桂林
高涼
寧浦　皆故郡。
宋康　治廣化縣。在今肇慶府陽江縣西北。
綏建　治新招縣，在今肇慶。府廣寧縣境。
海昌　治寧化縣。在今廣州新會縣界。
宋熙　治平興縣。
樂昌　治樂昌縣。
兗　○注：治龍編。統郡八。
交阯
武平
新昌
九真

九德

日南　皆故郡。

義昌

宋平　皆新置。

越○注：治臨漳。今廉州府治是。沈約《志》：泰始七年增置。

百梁①。

龍蘇②。

永寧

安昌

富昌

南流

臨漳

宋壽③　皆新郡。

合浦　故郡也。沈約《志》曰：合浦本屬交州，宋壽初亦屬交州，後改屬焉。

①百梁：治所在今廣西合浦縣東北。隋開皇初廢。②龍蘇：治所在今廣西浦北縣北十里蘇村。隋屬合浦郡。③宋壽：南朝宋置，治宋壽縣（今廣西欽州市東北欽江西北岸）。轄境相當今廣西壯族自治區欽州市一帶。隋開皇中廢。

郡二百六十八。○注：又合越州所置新郡，計二百七十四。縣千二百九十九。

自晉成帝以來，州郡類多僑置。增損離合，不能悉詳。又南北戰爭，疆境屢易。宋之盛時，南鄭、襄陽、懸瓠①、彭城、歷城、東陽，皆重鎮也。泰始二年，彭城、懸瓠降于魏。四年歷城、東陽亦陷于魏。

沈約曰：自建始以後，自淮以北青、冀、徐、兖、豫諸州，悉非舊疆矣。今所記列，大较參差，其詳難舉，實由名號驟易，境土屢分。或一郡一縣，分爲四五。四五之中，亟有離合。尋校推求，未易精詳也。

蕭道成憑依城社②，遂奸宋位，都建康。是時既失淮北。○注：宋泰始初，失淮北徐、兖、青、冀四州，及豫州之淮西。

①懸瓠(hù)：酈道元《水經注》言以城北汝水屈曲如垂瓠，故名。在今河南汝南。東晉南北朝時兵爭要地。南朝宋移上蔡縣治此。隋唐為蔡州治所。

②城社：城池和祭地神的土坛。代指邦国。

淮西謂汝南、新蔡、譙、梁、陳、南頓、潁川、汝陽、汝陰[①]諸郡。其後又失沔北○注：建武末魏取沔北南、西汝南、新野、南鄉、北襄城、義陽五郡及淮南○注：永元中壽陽降魏，魏復取建安、合肥。舉其大略，有州二十三。

青　治朐山[②]。今淮安府海州治。

冀　治漣口[③]。今淮安府安東縣。

豫　治壽春。永元二年陷于魏，移治歷陽。

北兗　治淮陰，在今淮安府西。

北徐　治鍾離，在今鳳陽府東。

巴　治巴東，建元元年分荊、益二州置。領巴東、建平、巴郡、涪陵四郡。永明二年省。又有北秦州，

①汝陰：原作汝陽，改。　②朐山：治今江苏省连云港市南海州镇。　③漣口：泗州漣水縣北。

建平二年置，授沮水氐酋馥之①，非實土也。

其餘悉因宋舊，郡凡三百九十五，縣千四百七十四。而南鄭、樊城、襄陽、義陽、壽春、淮陽、角城、漣口、朐山並稱重鎮②。

《齊志》：時置寧蠻府于雍州，別領西新安等二十四蠻郡，蓋緣沔諸蠻所居也。

胡氏曰：蕭齊諸郡，有寄治者，有新置者，有俚郡、僚郡、荒郡③，有郡無屬縣者，有荒無民戶者。郡縣之建置雖多而名存實亡，境土蹙于宋大明之時矣。

蕭衍虎據襄陽，鷹擊建康，篡齊之位，有州二十三，郡三百五十，縣千二十有三。〇注：此天監十年州郡之制也。

①馥之：即楊馥之。　②角城：泗州臨淮縣東南。　③俚郡、僚郡：南朝時在部分南方民族地區設置的一種特殊地方行政機構。據《南齊書·州郡志》載，當時在南方一些僚人、俚人聚居區設有越嶲僚郡、宕渠僚郡、始平僚郡、沈黎僚郡、甘松僚郡、吳春俚郡等。朝廷授予當地本民族首領一定名號，讓其仍按舊俗管理原來轄區，不打亂這些地區的原有社會組織，也不干預其內部事務，利用俚僚首領對這些地區實行間接統治，為後來唐宋羈縻州（縣）制打下基礎。

姚思廉曰：梁天監十年以前，大抵因宋齊之舊。是后州名浸多，廢置離合不可勝紀。武帝大同二年，朱异奏：頃置州稍廣，大小不倫，請分五品。其位秩高卑，參僚多少，皆以是爲差。于是上品二十州，次十州，又次八州，又次二十三州，下二十一州。

時方事征伐，恢拓境宇，北踰淮汝，東距彭城，西開牂牁，南平俚洞①，紛綸甚衆。故異請分之，其下者皆異國之人，徒有州名而無土地。或因荒徼之民所居村落置州，及郡縣、刺史、守令，皆用彼人爲之。尚書不能悉領，山川險遠，職貢鮮通。五品之外又二十餘州，不知處所。凡一百七州。又以邊境鎮戍，雖領民不多，欲重其將帥，皆建為郡。或一人領二三郡。州郡雖多，

①俚洞：古代南方黎族聚居的山區。

戶口耗矣。淮沔南北，得失不恒。大抵雍州○注：即襄陽。下溠戍①○注：在東陽縣東南百餘里、夏口、白苟堆○注：今河南貞陽②縣東南、硤石城○注：今鳳陽府壽州西北峽石山上、合州、淮陰、朐山常為重鎮。

《梁史》：天監三年，魏取義陽三關③。梁僑置司州於關南。四年梁州降魏。梁僑置梁州于西城。○注：今《齊志》：梁州所領二十三郡，荒郡不與焉。今魏取十四郡，西城以東，猶屬梁。西城晉宋時魏興郡治。大通二年，義陽來降，復置司州。又置北司州。中大通五年④，攻下邳來降，置東徐州。大同元年，攻魏東益州，梁州來降，復置梁、秦二州。

及侯景肆凶，建康傾陷，蕭繹爲謀不遠，苟安江陵。是時江北之

①下溠(zhà)戍：南梁天監中置，在今湖北隨州市西北唐城鎮。溠，溠水，在湖北。②貞陽：今正陽縣。③義陽三關：南北朝時義陽郡(治今河南信陽市)南平靖、黃峴(宋以後稱九里)、武陽(一作武勝)三關之總稱。在河南省信陽市南，豫、鄂兩省交界處。武勝關古稱直轅，平靖關古稱冥阨，九里關古稱大隧。信陽在北宋前叫義陽，故有『義陽三關』之稱。④中大通：梁武帝蕭衍的第四個年號，西元529年10月——534年12月，共計5年餘。

地，殘于高齊。漢中蜀川，沒于西魏。魏人南侵，江陵失守。蕭詧雖承梁祀③，所得者僅江陵三百里，又稱臣于魏，比諸附庸。

其後詧因陳人王琳、華茭之釁，稍略取江南地，增置郡縣。周太和六年始以基、○注：今荊門州東南廢豐縣。平、○注：今荊門州當陽縣。鄀、○注：荊門州北廢樂鄉縣。三州、○注：皆後周所置。與梁。然實江陵舊境。

陳霸先奄有建康，拾梁餘緒，其版圖較前彌蹙。西不得蜀漢，北不得淮肥。雖曾克南，未幾復失之，始終以長江爲限。

《史略》：初齊人因江陵之亡，取郢州。又東拔譙郡，取皖城，克東關。既納蕭淵明，乃歸郢城于梁。及淵明廢，徐嗣徽以譙、秦二州降齊，引齊兵入，霸先大破之。自是齊兵

①詧：音chá。

不復渡江。然江北之地，悉沒于齊矣。又湘州刺史王琳，據州不下，東略郢州，進據江州，奉湘東世子方之子莊爲主。會齊兵東下，戰于蕪湖，敗走。齊江郢之地，歸于陳。後梁主因琳軍之東，遣將略取長沙、武陵、南平、巴郡，諸郡歸于周。琳既平陳，遣侯瑱等西略巴湘，巴陵、湘州降。於是武陵、天門、義陽、河東、宜都諸郡，始爲陳境。其後太建五年，遣吳明徹等北伐，淮南州郡，次第降下，淮北亦皆響應。九年，因周人滅齊，復命明徹圖淮北，敗沒。十一年，周將韋孝寬等渡，江北之地盡爲所略。十二年司馬消難復以鄖、○注：今德安府，周置鄖州。溫、○注：今京山縣，西魏置溫州。應、○注：今應山縣，梁置應州。土、○注：今徐州東北廢山縣，梁置土州。順、○注：今隨州北廢順義縣。沔、○注：今沔陽縣。澴、○注：今孝感縣北廢吉陽縣，後周置澴州。岳、○注：即孝感縣，西魏置岳州。九州及魯山等鎮來降，周尋復取之，卒不能振。有州四十二。○注：陳因梁舊置州，无復前制。郡百有九，縣四百三十八。及隋軍來伐，狼尾灘、○注：在西陵三峽中。荊門、安蜀城、公安、巴陵，盡爲楊素所陷。韓擒虎渡采石①，賀若弼渡京口而陳以亡。○注：真氏曰：兩淮江南根本，廣陵、合肥又兩淮之根本。陳失淮南，亡也忽焉。

後魏起自北荒。

拓跋力微始自北荒，迁盛樂②、猗盧復，徙馬邑城③。盛樂為北都，修故平城爲南都。賀褥徙都東木根山④什翼健更城盛樂。其孫桂復都雲中，○注：即盛樂。改代曰魏，尋徙平城。孝文太和十九年，遷于洛陽。

後魏之先，爲鮮卑索頭部，世居北荒，后漸徙而南，居匈奴故地。至拓跋力微，遂徙居定襄之盛乐，○注：今大同西北三百餘里。四傳至祿官，○注：力微之少子，四傳始及之。分其國爲三部。一居上谷之北，濡源之西，○注：在今北直宣府之西，自統之。一居代，居參合波⑤，○注：今大同府東百里之北。使兄子猗㐌統之。一居盛樂使猗㐌弟猗盧統之。其後猗盧遂總三部。

①采石：采石磯位於安徽省馬鞍山市西南5公里處的長江南岸，與南京燕子磯、岳陽城陵磯並稱『長江三大名磯』。②盛樂：位於今內蒙古自治區和林格爾縣之北的和林格爾土城子遺址，為盛樂城遺址。③馬邑城：秦築，故址在今山西省朔縣城西北隅。④東木根山：在今內蒙古興和縣西北，山西大同市北。東晉太寧二年(324)，代國主拓跋賀傉始親政，『以諸部人情未悉款順』，乃築城於此，徙都之。⑤參合波：通常作『參合陂』。

其後孝武遷長安，爲西魏。孝靜遷鄴，爲東魏。

道武珪克並州，下常山，拔中山，盡取慕容燕河北地。明元嗣，時漸有河南州鎮。太武燾西克統萬，東平遼西，又西克姑臧，南臨瓜步。文獻之世，長淮以北，悉爲魏有。孝文都洛陽，取南陽。宣武恪時，又得壽春。復取淮西，績收漢川，至于劍閣。於是魏地北逾大磧，〇注：陰山以北。西至流沙，東撫高麗，南臨江漢。迨其末也，有州百十有一，郡五百十九，縣三百五十一。太和十年分置州郡，是時有州三十八。其二十五在河南者。

青　治東陽。太平真君中①，置青州于樂安。太和中，移治東陽，領齊郡等郡。

晉永嘉四年，並州刺史劉琨討劉虎及白部，〇注：皆鮮卑種。請兵于猗盧，大破之。琨因表猗盧爲大單于，以代郡封之，為代公。猗盧以封邑去國遠，乃帥部落自雲中入雁門，從琨求陘北地，琨與之。由是益強。建興二年，進猗盧爲代王，食代、常山二郡。其後國亂，四傳至鬱律，築城于東木根山，〇注：今大同府北境。徙居之。又再傳至紇那，爲石虎所敗，徙都大甯。紇那國亂，翳槐〇注：鬱律子。有其地，乃復城盛樂而居之。其弟什翼犍代立，國益強。東自濊貘②，〇注：今朝鮮北境古東夷國。西及破落那，〇注：今甘肅西北塞外。南距陰山，北盡沙漠，悉皆歸服。晉咸康六年，什翼犍始都雲中之盛樂宮，既而劉衛辰引符秦兵擊代，代亂，遂定代地，分代民二部。自河以東屬別部大人劉庫仁，〇注：翼犍之甥。自河以西屬劉衛辰。太元九年，符秦亂，諸部共推拓跋珪爲主，〇注：翼鍵孫。即代王位。珪復居定襄之盛樂，改稱魏王，尋平劉顯，滅衛辰。自河以南諸郡悉降。

①太平真君：北魏太武帝拓跋燾年號，西元440年6月—451年6月，歷時11年。　②濊(huì)貊(mò)：東北南部地區和漢四郡故地的古老的地區部族，又稱貉、貉貊、穢貉或藏貊。起初，濊和貊是兩個部落，濊在東，貊在西，後來貊部落合併了濊部落。

南青　治東莞。本劉宋泰始十一年所置東徐州也。後魏因之。太和二十二年徙東徐州，治宿豫①，改曰南青州，領東安等郡。

兖　治瑕邱。泰常初，兖州置于滑臺。後得瑕邱，因改置焉。初曰东兖州，后曰兖州，領魯郡等郡。其滑臺之兖州曰西兖州，孝昌三年，西兖州移治定陶，領濟陰等郡。後復故。又太和中，嘗置南兖州于渦陽，領下蔡等郡。正光中，移治譙城，領陳留等郡。時爲滑臺、瑕邱、譙城爲三兖州。

齊　治歷城。宋置冀州于此。皇興初得之，改爲齊州。領東魏。○注：今濟南府東北廢平臺城。等郡。

濟　治碻磝②。領濟北等郡。

①宿豫：豫，又作預。東晉義熙中置縣，治今江蘇省宿遷市東南廢黄河東岸古城，屬淮陽郡。舊說晉元帝督運軍儲，以為邸閣，因有宿預之名（《輿地廣記》）。城臨泗水，南近淮水，南北朝時為重鎮。寶應元年（762）因避代宗名諱，改為宿遷縣。　②碻磝（qiāo áo）：一作敲嚣。在今山東茌平縣西南古黄河東岸、碻磝津之東。《資治通鑒·晉孝武帝太元九年》：『會謝玄遣龍驤將軍劉牢之等據碻磝。』胡三省注：『碻磝城，濟北郡治所，沿河要地也。』

光　治掖城①。領東萊等郡。

豫　治汝南。天興二年，豫州置于野王②。泰常中，徙治洛陽。尋又徙虎牢。皇興初，移鎮懸瓠。領汝南等郡。而以虎牢爲北豫州，領武昌等郡。又有東豫州，太和中曰南司州，尋改曰東豫。治廣陵城③，亦領汝南等郡。又有西豫州，則正光末宋以梁邊城郡。○注：在今黃岡縣界。來降所置州也。時以懸瓠、虎牢、廣陵爲三豫。

洛　治上洛。太延五年，置荊州于此。太和十一年，改爲洛州。領上洛等郡。

徐　治彭城。延和中置徐州于外黃④。皇興初，改治彭城。領彭城等郡。

①掖城：掖，又作夜。戰國齊夜邑。西漢置縣，『縣取〈掖水〉為名』《元和郡縣誌》。治今山東省萊州市，為東萊郡治。②野王：縣治在今河南沁陽市。③廣陵：在息縣西南。《讀史方輿紀要・卷五十・河南》記載：廣陵城在縣西南。本新息縣地也。魏收《志》：太和十七年，光城蠻田益宗來降。④外黃：治所在今商丘市民權縣境內。

東徐　治宿豫。太和中置。領宿豫等郡。東魏改爲東楚州。又有東徐州。治下邳，則孝昌二年置，領下邳、琅琊等郡。時謂彭城、琅琊、下邳爲三徐。

雍　治長安。神䴥初①，治蒲阪，後改治長安，領京兆等郡。又泰常中嘗置南雍州於洛陽，後改曰洛州。神䴥中，又置東雍州于正平。太和中廢。東魏復置，領正平等郡。又孝昌以後，嘗置東雍州于郃縣，北雍州於泥陽。時或以長安、泥縣爲二雍，並泥○注：今西安耀州。爲三雍。

秦　治上邽。延和中，以蒲阪之雍州爲秦州。後改治上邽。領天水等郡。其後東魏復置秦州于蒲阪，西魏得之，亦置焉。時謂之東秦州。

①神䴥(jiā)：北魏太武帝年号(428—431)。凡四年。䴥，同『麚』，公鹿。

南秦　治仇池。太平真君七年置。太和十二年改爲渠州，尋復故。正始初，移治穀城，領仇池等郡。又有東秦州，太和十五年置于杏城鎮①，後改曰北華州，領中部等郡。又孝昌中以秦州爲莫折念生所據，因置東秦州於隴東，治汧城②，爲三秦。

梁　治南鄭。太和中治仇池，正始中始移置于南鄭。領漢中等郡。《五代志》：孝昌中於隆城鎮置南梁州。○注：今保寧府。東北故城。

益　治晉壽。太和中亦置于仇池。正始中改治晉壽。領東晉壽等郡。又有東益州，亦正始中置，治武興，領武興等郡。始亦謂之二益。

①杏城鎮：今陝西黄陵縣西南十里。東晉時姚萇於此設杏城鎮。《晉書·姚萇載記》：『魏褐飛自稱大將軍、沖天王，率氐胡數萬人攻安北姚當成於杏城。』即此。《魏書·地形志》：北華州『治杏城』。《元和志》卷3坊州中部縣：杏城『相傳雲漢將韓胡伐杏木為柵，以抗北狄，因以為名』。　②汧(qiān)城：在今陝西隴縣。

荆　治穰城①。太延五年置荆州于上洛。太和十八年，改為洛州，而徙荆州于魯陽。二十二年，復移荆州，治穰城，領南陽等郡。又，東荆州治沘陽②，太和以後置。西魏時曰淮州，而置東荆州于廣昌縣。又有南荆州，延興初置于安昌城，仍隸東豫州。四年從桓叔興請，不隸東豫，所謂三荆也。東魏武定二年，又置北荆州。治伊陽，領伊陽等郡。侯景以東北二荆入于西魏，其復北荆後爲齊境，而三荆皆屬西魏。

涼　治姑臧。領武威等郡。

河　治抱罕。領金城等郡。

沙　治敦煌。領敦煌等郡。

華　治華陽。太和十有一年，分雍州置。領華山等郡。

①穰城：在今河南鄧州，夏仲康封其子於鄧，歷經夏、商、西周至春秋為鄧國地。春秋時期，楚文王十二年（前678）滅鄧，歸楚，稱穰，取豐盛之義。　②沘(bǐ)：地名，河南省唐河縣舊稱沘。

陝　治陝城。太和十一年置。領恒農等郡。即今陝州。

夏　治統萬。太和十一年以統萬鎮領化正等郡。又永平四年，置東夏州，治廣武縣，領偏城等郡。今延安府東廢豐林縣即郡治。

岐　治雍。太平十一年置。領平秦○注：即今扶風。等郡。又延興中置南岐州，治河池縣，領固道○注：今漢中府鳳縣等郡。

班　治彭陽。皇興二年，置華州于此。太和十一年，改班州，十四年改邠州，二十二年又改豳州。領北地等郡。○注：彭陽今慶陽府西南彭原故城。

郢　治真陽。○注：今汝南。府屬縣。太和中置。正始初，得義陽，改置郢治焉。領安陽等郡。東魏亦謂之南司州，以梁置司州于此。又西郢州，正光二年以授蠻酋田朴特，在義陽之西。

十三州在河北者。

司　治洛陽。魏置司州于平城，洛州于洛陽，領洛陽等縣。遷洛後，改洛州曰司州，而司州曰恒州。東魏遷鄴，又改恒州曰司州，而司州仍為洛州。

並　治晉陽。皇始初置，領太原等郡。

肆　治九原。○注：在今忻州西。太平真君七年置。領來安○注：故新興郡。等郡。

定　治盧奴。○注：故中山郡治。皇始二年置安州，天興二年改曰定州，領中山等郡。

相　治鄴。天興中置相州，領魏郡等郡。東魏改爲司州，以魏郡爲魏尹。

冀　治信都。皇始二年置長樂○注：即信都。等郡。

幽　治薊。領燕郡等郡。

燕　治昌平。太和十八年分恒州東部置。領昌平○注：今昌平州。等郡。

或曰燕當作懷，治野王。天安二年置，領河内等郡。太和十八年廢。東魏復置。

營　治和龍。太平真君五年改和龍鎮置。領昌黎等郡。

平　治肥如。領遼西等郡。

安　治方城。○注：在今密雲縣東。皇興二年置，領密雲等郡。

瀛　治樂城。太和十一年置。領高陽等郡。

汾　治蒲子。太和十二年置。孝昌中移治茲氏。領西河等郡。是爲三十八州。

齊主高洋嘗言，魏末州郡，類多浮僞。百室之邑，遽立州名。三戶之村，虛張郡目。循名責實，事归烏有。而隋初楊尚希亦曰：當今郡縣，倍多于古。或地無百里，數縣並置。或戶不滿千，二郡分領。民少官多，十羊九牧。蓋自正始之際，迄于東西魏之餘，州郡紛錯，爲已甚矣。

迨胡后內亂，六鎮外撓，爾朱構禍，國分爲二而魏亡矣。

齊高歡起自晉州，○注：今平陽府，東有殷○注：今趙州。冀，遂滅爾朱。刦魏遷鄴，覆其宗祀。高氏繼東魏都鄴，為上都。晉陽爲下都。河北自晉州之東，河南自洛陽之東，皆爲齊境。○注：齊天保中其地北界沙漠，東濱海。又因梁有侯景之亂，遣將略地，南至于江。有州九十七，郡百有六十，縣三百六十五。而姚襄城、①○注：在吉州西西臨黃河。洪洞、○注：今洪洞縣北。晉州、武平關、○注：今徐州西。軹關、○注：今濟陳縣西北。柏崖、○注：今孟縣西。

六鎮，一曰武川，在大同府北塞外。曰撫冥，在武川之東。曰懷朔，在武川之西，今朔州北塞外。曰懷荒，在大同府東北近蔚州境。曰柔元，在懷荒之東。曰御夷，在今宣府鎮懷安衛西北，魏都平城時置。

《史略》：歡出于懷朔，爲羣盜，尋归爾朱榮。魏永安中爾朱榮以歡爲晉州刺史。榮死，爾朱兆使統六鎮降众，建牙陽曲川②，無何，請就食山東。信都高乾等归之，遂起兵信都，兼有殷州，奉渤海太守元郎○注：廢主。爲帝，旋进軍拔鄴，入洛陽，幽魏主恭○注：节閔帝並廢郎而立平陽修○注：孝武帝，自爲大丞相。永熙

①姚襄城：在今山西省吉县西北、黄河东岸。相传为姚襄所筑，故名。②建牙：古谓出师前树立军旗。引申指武臣出镇。陽曲川：胡三省《注资治通鉴》：『《水經註》：汾水自汾陽縣南流，逕陽曲城西。陽曲在秀容之南。《地形志》：陽曲縣，二漢屬太原郡，後魏永安中，置永安郡，陽曲縣屬焉。宋白曰：唐析州秀容、定襄二縣，皆漢陽曲縣地。河千里一曲，縣當其陽，故曰陽曲。後漢末，移陽曲縣於并州太原縣外，於舊陽曲縣置定襄縣，又分置九原縣屬新興郡。後魏以九原縣為平冠縣，隋為秀容縣。』

河陽、○注：今孟縣西南。虎牢、洛陽、北荊州、孔防城、○注：今河南府城南。汝北郡、○注：今汝州西南。魯城，○注：在魯山縣東北。皆置兵以防周。高緯時陳人取淮南地，周師拔河陰、拔平陽而齊遂亡。

三年魏主與歡貳，魏主西走。歡立清河王世子善見東魏孝靜帝，以洛陽西逼西魏，南近梁境，乃遷于鄴。歡沒，子洋遂廢魏主而篡其位。

周宇文周起自高平，據有關隴，魏主西奔，漸移其社。

宇文周繼西魏，仍都長安。河南自洛陽之西，河北自晉州之西，皆爲周境。而玉璧、○注：今稷山縣西南。邵郡、○注：今垣曲縣是其治。齊子嶺、○注：在濟源縣西。通洛坊、○注：在新安東。黃櫨三城、○注：曰櫨、曰同軌、曰永昌，在今永寧縣東。土划、○注：在盧氏縣東南。三荊、三鵶鎮①，皆置重兵以備。齊文帝泰既西並梁益，南克江漢，武帝邕又東並高齊，兼取陳淮南地。有州二百十一，郡五百有八，縣一千一百二十四。

《史略》：宇文泰其先爲遼西宇文部，後居武川。永安末，爾朱榮使從賀拔岳入關中。爾朱氏亡，岳表泰爲夏州刺史。永熙三年，岳爲陳莫侯悅所殺。衆推泰爲主。魏主修命泰統岳軍，泰遂兼有秦隴，撫定關中。會魏主爲高歡所逼，泰因迎魏主入長安，東克潼關。魏主以泰為大丞相，未幾酖魏主而立南陽王寶炬。至子覺，始廢魏主廓而篡其位。

①三鵶鎮：即魯陽關。一名平高城。在今河南魯山縣西南十四里平高城村。《元和志》卷6魯山縣：『其關三鵶鎮，在縣西南十九里。後周置以禦齊，亦名平高城。』

隋○注：取梁並陳，天下爲一。

都邑

隋初，仍周舊。開皇二年，更營新都，明年名其城曰大興城，○注：今西安府城，遂定都焉。

大業元年，更營洛陽，謂之東都。

又煬帝幸江都，于揚州立江都宫。其後，李淵立代王侑于長安①，王世充立越王侗于東都。

疆域

篡周、取梁、並陳，其地盡為隋有。煬帝復平林邑，○注：今廣徼外占城國。大業取其地，置蕩、農、沖三州。三年改爲北景、海陰、林邑三郡。克吐谷渾。○注：今西寧、河州等衛徼外地，大業五年取之。西域二十七國並獻西域地。于是置西海、河源、鄯善、且末四郡。西海郡治伏俟城。在今西寧衛西。即吐谷渾國都也。河源郡治赤水城，今西寧衛西南鄯善即治。故樓蘭城今哈密衛東南有鄯善國。且末城，今曲先衛西有故且末城國。有郡一百九十。○注：開皇三年悉罷諸郡爲州。大業三年，分遣十使，並省州縣。三年復改州爲郡。杜佑：隋用漢制，司隸、刺史分部巡察，而不詳所統。縣一千二百五十五，東西九千三百里，南北一萬四千八百十五里，東、南皆至海，西至且末，北至五原。恃其強盛，用民無度。

①侑：音yòu

《史略》：煬帝初即位，發丁男掘塹自龍門①、○注：今河津縣。汲郡抵臨清關。○注：今新鄉縣東。渡河至復儀、○注：今祥符縣。襄城，○注：今南汝州。達于上洛，以置關防。又開通濟渠，自西苑引穀洛水達于洛。復自板渚○注：有汜水縣東。引河歷滎澤入汴，自大梁之東引汴入泗，達于淮。是年又開邗自山陽至楊子○注：今揚州南有楊主橋。入江。既復穿永濟渠，引沁水南達于河，北通涿郡。又穿江南河。自京口至余杭○注：今杭州府。八百餘里。○注：今為浙西运河。時又鑿太行，達並州，通馳道，更築長城，西距踰林，東至紫河，○注：今大同府西北塞外。尋復築之，自榆谷而東。○注：榆林之長城築于大業三年，築以限突厥。榆谷之長城，築于大業四年。時吐谷渾未平。

于是群雄競起，割土分疆。

①自龍門：原文作『自自龍門』，改。

稱魏者一。

李密自楊元感敗後，亡命羣盜間。依韋城翟讓，轉掠滎陽、梁郡間。大業十二年，密別統所部，號蒲山公，營滎陽，諸郡多屬焉。十三年，取興洛倉，敗東都兵。讓于是推密爲主，號魏主，築洛口城居之。東略地，取安陆、汝南、淮安、濟陽，復取鞏縣及虎牢，又襲回洛東倉，復分兵掠汝潁，降淮陽。會武陽來降，因遣徐世勣取黎陽倉。武安、永安、義陽、弋陽、齊郡相繼降。尋又殺翟讓，而並其衆。又招滎陽郡，下之。十四年，進據金墉城。于是偃師、栢穀、河陽、河内各以所部降。既而宇文化及爭黎陽，密引兵拒之東都，因遣使招密。密遂上表乞降。隋主侗仍命密為魏公。密擊敗化及，東郡亦降密。密引兵還擊洛，復屯金墉。世充乘其敝，引兵擊之。密敗于北邙①，西走降唐。

①北邙：願作『北印』，改。

稱夏者一。

竇建德起于漳南。○注：今山東恩縣西北。爲羣盜。隋大業十有二年，其黨高士達爲隋將楊義臣所滅，建德在高雞泊①，亡走饒昌②，攻陷之。尋復還平原，收士達散兵，復振。十三年據樂壽③，自稱長樂王。久之，河間及河北郡縣相繼降下，建德遂定都樂壽，改國號曰夏。滅魏刁，次取易、定等州，又取冀州。唐武德二年，擊滅宇文化及于聊城。尋降隋。隋主侗仍封爲夏王。陷唐、邢、滄及洛、相、趙諸州。又陷黎陽。取衛、滑二州，乃徙都洺州④。三年，取濟州。既而建德擊魯孟海公。○注：孟海公據曹、戴二州地。戴州今兗州城武縣。會唐軍圍東都，王世充請救，遂引而西，戰敗，爲唐所擒。

①高雞泊：在河北省衡水市故城縣縣城西南，舊為漳水所匯，廣袤數百里。今不存。②饒昌：疑當為『饒陽』。饒陽縣，今屬於河北省衡水市。③樂壽：隋仁壽元年(601)改廣城縣置，屬瀛州。治所在今河北獻縣西南一里。④洺州：治所在今河北永年縣廣府鎮。北周宣政元年(578年)置，因境有洺水，故名。

稱秦者一。

薛舉初爲金城校尉。大業十三年，劫金城令郝瑗，發兵，自稱西秦伯王。襲取抱罕、西平、撓河三郡，未幾盡有隴西之地，稱秦帝。遣其子仁杲，攻克天水，自金城徙都之。

唐武德元年陷唐高墌城①。舉旋卒，子仁杲立，居於圻墌城②，兵敗爲唐所滅。

稱涼者一。

李軌初爲武威鷹揚府司馬。大業十三年起兵，稱河西大涼王。襲取張掖、敦煌及西平、抱罕諸郡，于是盡有河西之地。唐武德元年，遣使招之，拜為涼州總管。既而自稱帝。二年唐遣將安興貴襲執之，國滅。

①高墌城：又名淺水城。即北魏淺水縣治。在今陝西長武縣北五里淺水村。
②圻墌城：位於甘肅省平涼市涇川縣城東北十五華里的蔣家坪。

《唐書》：軌初奉涼、瓜、甘、肅、鄯、會、兰、河、廓①，凡九州。

稱梁者三。

梁師都初爲朔方鷹揚郎將。大業十三年作亂，據郡稱大丞相。北連突厥，襲取雕陰、宏化、延安等郡②，遂稱帝，都朔方，國號梁。突厥號爲大度毗伽可汗，○注：華言解事也。引突厥居河南地，攻破臨川郡，既而爲唐所敗，其地多歸于唐。武德五年，克其朔方東城。六年其將賀遂索同以所部十二州降唐。○注：州大約師都所僑置，非實土也。貞觀二年，遣柴紹擊之，進圍朔方，其下殺師都以降。

蕭銑○注：後梁主登曾孫。初為羅川令，大歷十三年，巴陵校尉董景

①會：西魏末宇文泰行軍至今甘肅省靖遠縣一帶置會州。北周保定二年(562年)移州，改為會寧防，隋開皇初改防為鎮。大業置涼川縣。蘭：此處遺漏一州『蘭』，據《唐書》補。廓：北周建德五年(576)西逐吐谷渾，又得河南地置，治所在澆河郡(治今青海省貴德縣)，大業初又改廓州為澆河郡，治河津縣(今貴德縣境)，唐武德初改為廓州。②雕陰：今陝西延安甘泉縣地域。

珍等共推銑爲主，自羅川入巴陵，稱梁王，遣兵襲豫章，克之。明年稱帝，攻下南郡，遂徙都江陵。又遣將狗嶺南，所至迎降。欽州刺史寧長其以鬱林、始安附銑，交趾亦附焉。於是東至九江，西抵三峽，南盡交趾，北拒漢川，銑皆有之。唐武德四年，遣江夏王孝景滅之。

武康沈法興，初爲吳興太守。大業十四年討東陽郡賊樓世幹，因奉兵以討宇文化及爲名，攻餘杭、毘陵、丹陽，皆下之。據江表十餘郡，自稱江南大總管。武德三年稱梁王，都毘陵。三年李子通渡江取京口，又敗法興兵於庚亭。○注：今常州府西。法興棄毘陵，奔吳郡。于是丹陽、毘陵諸郡皆降於子通。復自太湖襲破吳郡，法興走死。

稱定襄者一。

馬邑劉武周①，初爲鷹揚校尉，大業十三年，僕亂據郡，稱太守，附于突厥。尋引突厥破隋兵，陷樓煩郡②，轉陷定襄郡，遂稱帝。突厥以爲定襄可汗。遂爲國號，都馬邑。又攻陷雁門郡。武德二年進陷介、並及晉三州。又逼絳州，陷龍門，進陷滄州。唐遣秦王擊敗之，遁入突厥，尋為所殺。武周死，其黨苑君璋仍據馬邑。武德六年，君璋將高滿政以馬邑來降，君璋北遁，引突厥攻陷之。既而突厥以馬邑來歸，君璋復保恒安。○注：今大同府治。貞觀初，突厥衰，始來降。

①馬邑：隋唐馬邑郡即朔州，治善陽，即今朔縣。　②樓煩：隋大業四年(608)置郡，治所在靜樂縣(今山西靜樂縣)。《元和志》卷14：樓煩郡『因漢樓煩縣為名』。轄境相當今山西靜樂、保德、岢嵐、興縣、嵐縣、定襄等縣及忻州市地。唐武德四年(621)改為管州。

稱永樂者一。

蒲城郭子和初爲左翊衛士①，坐事徙榆林。大業十三年作亂，據郡稱永樂王。南連梁師都，北附突厥，突厥以爲平楊可汗。子和不敢當，固以爲屋利設②。武德初降唐。

稱楚者二。

城父朱粲③，初爲縣佐史，從軍，亡命爲盜，謂之可達寒賊④，自稱迦羅樓王，轉掠荆沔及山南郡縣。唐武德元年降隋，隋主侗以為楚王，粲尋稱為楚帝于冠軍⑤，陷唐鄧州。二年據之。粲爲淮安土豪楊士林等所攻，敗走菊潭⑥，降于唐，唐仍以爲楚王。後叛奔王世充。洛陽平，誅粲。

鄱陽林士宏，初從其鄉人操師乞爲羣盜。大業十二年，師乞自稱

①蒲城：今陝西渭南。②屋利設：原作『屋利說』，改。③城父：在今安徽亳州市東南。④可達寒賊：原作『可達寨賊』，改。⑤冠軍：冠軍縣，今河南省鄧州市。⑥菊潭：即酈（zhí）縣。秦置。在今河南南陽市西北内鄉一帶。北魏析置南酈與北酈，北周合為一。隋開皇初改名菊潭。

元興王，攻陷豫章，以士宏爲將軍。師乞旋敗死，士宏代領其衆，稱帝，都豫章，國號楚，取九江、臨川、南康、宜春等郡。北自九江，南至番禺，皆爲所有。十三年，士宏徙南康，蕭銑襲取其豫章。士宏退保餘干。唐武德元年，蒼梧諸郡附于士宏，旋復入蕭銑。二年豫章賊帥張善安以虔、吉等州降唐，○注：時以平蕭銑。士宏將王戎亦以南昌州降唐，士宏懼，請降。尋復走保安城山洞①，爲洪州刺史若于則所破，旋死，其衆遂散。

稱吳者二。

東海李子通，先依長白山賊帥左才相，尋渡淮，竊據海陵，稱將軍。唐武德二年，陷江都，遂稱帝國，號吳。三年，渡江取京口，敗沈法興，

①安城山洞：《舊唐書》作『安城之山洞』。安城，今安吉縣城遞鋪鎮北約10公里處的西苕溪西岸安城村，是唐代晚至民國時期的安吉州、縣治所在地。

遂取毘陵及丹陽郡。既而杜伏威遣將輔公祏①取丹陽，敗子通兵于溧水，子通食盡，遂棄江都，保京口。于是江西之地遂盡入于伏威。伏威徙丹陽，子通懼逼，東走太湖，收合亡散，襲法興于吳郡。法興走死，子通復振，徙都餘杭，盡收法興之地。北自太湖，南至嶺，東包會稽，西距宣城，○注：嶺謂漸東南境諸山。皆有之。四年爲伏威將王雄誕所敗滅。

章邱杜伏威初與臨濟輔公祏爲羣盜，轉掠淮南，據六合、歷陽，稱將軍。大業十三年，破高郵，自稱總管，以公祏爲長史。唐武德元年降隋，隋主侗命爲楚王。二年降唐，唐以為和州總管。三年進封吳王，攻李子通，敗之，盡取其江西地。渡江，居丹陽。四年，伏威遣將擊子通及歙州汪華、○注：大業末華據有歙、

①祏：音shí。

黟等州，亦稱吳王。崑山間人遂安等，皆破平之。于是盡有淮南、江東之地。東距海，南至嶺。五年入朝，其地悉入于唐。

宇文化及○注：父述本匈奴種破野頭氏，從其主姓宇文。初爲右屯衛將軍，襲封許公。煬帝幸江都，大業十四年虎賁郎將司馬德戡等定謀弒帝，推化及爲主，自江都趨彭城，欲西還長安。李密據鞏洛，拒化及。化及不得西，乃引軍取東郡，既又北據黎陽，攻倉城，與李密相持，食盡，入汲郡求糧。東郡降李密，化及復自汲郡北據魏縣稱帝，國號許，有濟北數城。唐武德二年淮安王神通擊化及于魏縣，化及走保聊城，尋爲竇建德所滅。

稱鄭者一。

王世充本西域胡人，姓支氏，幼隨母嫁王氏，因冒其姓。初爲江都通守。大業十四年，煬帝殺于江都，以越王侗即位，拜納言，封爲鄭國公。尋敗李密。密之將帥州縣多來附于世充，唐武德二年，篡稱帝，國號鄭。東北據河，東至徐兖，南有襄鄧，西保慈澗。又于境内改洛州爲司州，于汜水置鄭州，管城置管州，沁水置原州，獲嘉置殷州，新鄭置溱州，嵩陽置嵩州，大谷置谷州，武德置德州。又有伊州、梁州、○注：即梁郡今歸德府。懷州，凡十二州。唐遣秦王討平之。

稱燕者一。

勃海高開道，初從河間賊帥格謙據豆子，○注：䴚在河間。謙稱燕王，以開道爲將。太業十二年，謙敗

濟州　漢濟北、東平等郡國地。隋曰濟州，唐因之。亦曰濟陽郡。領盧縣等縣五。天寶十三年，廢濟州入鄆州。	盧　東阿　鄆城　鉅野　平陰
齊州　漢濟南等郡地。後魏曰齊州，隋唐因之，亦曰濟南郡。領歷城等縣八。○注：今濟南府。	領　歷城　全節　章邱　亭山　臨邑　臨濟　長清　豐齊　禹城
淄州　漢樂安等國地。隋曰淄州，唐因之，亦曰淄川郡，領淄川等縣五。○注：今濟南府淄川縣是其治。	領　淄川　長山　鄒平　濟陽　高苑
徐州　漢楚國沛郡地。晉為徐州治，後魏及隋唐因之。亦曰彭城郡。領彭城等縣六。今仍曰徐州。《元和》：『四年增置曰宿州，領符離等縣四。』○注：今屬鳳陽府。	領　彭城　蕭　豐　沛　滕 《元和》：『為徐泗節度使理所。』 宿州領　符離　蘄① 舡②

①蘄：音qí。　②舡：音chuán

騶，古邾國，魯之附庸。魯繆公改邾為鄒。《左传》文公十三年，邾文公十遷于繹。繹即嶧山，在古鄒縣北，漢置騶縣，今城在鄒山之陽，依岩阻以墉固漢晉以來諸說相同。獨今縣治在嶧山北二十里，以《元和郡縣志》考之，自唐時已然。而諸書皆未言及徙置之故。齊乘備載古跡于鄒縣之外增一邾城，云是其始封之邑，在今縣南，又非遷嶧之城。縣志求之不得，以宋元嘉間約略言之，亦無確處者，《後漢書》注南平陽縣故城，今兗州鄒縣是也。始知今縣治乃漢之南平陽縣無疑。蓋省平陽入鄒縣。又移鄒縣治平陽耳。後魏時，平陽、鄒縣并置，分屬高平、魯郡。北齊天保七年，并省郡縣，其改置鄒縣，當在此時，不在宋元嘉間也。

兗州① 漢曰魯郡。劉宋時兗州治此。隋曰兗州，唐因之，亦曰魯郡。領瑕邱等縣八。○注：今兗州。

領 瑕邱 金鄉 魚臺 鄒 龍邱 乾封 萊蕪 曲阜 泗水 任城 中都

泗州 漢臨淮等郡地。後周曰泗州。隋唐因之，亦曰臨淮郡。領臨淮等縣五。○注：今屬鳳陽府。

領 臨淮 宿遷 徐城 漣水 下邳②

沂州 漢瑯琊等郡地。後周曰沂州，隋唐因之，亦曰瑯琊郡，領臨沂等縣五。○注：今屬兗州府。

領 臨沂 沂水 費 承 新泰

青州 漢曰北海郡。東晉為青州治，劉宋因之。隋仍曰青州，唐因之。亦曰北海郡。領益都等縣七。○注：今青州府。

領 益都 臨淄 千乘 臨朐 北海 寿光 博昌

①兗：音yǎn。②邳：音pī。

萊州　漢曰東萊郡。隋曰萊州，唐因之，亦曰東萊郡，領掖縣等縣六。○注：今萊州府。如意初，置登州亦曰東牟郡。初治文登縣。神龍三年，移治蓬萊。領縣四。○注：今為登州府。

萊州領　掖　即墨　昌陽　膠水

登州領　蓬萊　牟平　文登　黄

棣州　漢平原、勃海等郡地。唐武德四年置棣州，亦曰樂安郡。領厭次等縣五。○注：今濟南府武定州。

領　厭次　滴河[1]　渤海　陽信　蒲臺

密州　漢高密等郡國地。隋置密州，唐因之。亦曰高密郡。領諸城等縣四。○注：今屬青州府。

領　諸城　高密　輔唐　莒

海州　漢曰東海郡。東魏曰海州，唐因之。亦曰東海郡。領朐山等縣四。○注：今屬淮安府。

領　朐山　東海　沭陽　懷仁

①滴：音shāng。

河東道　東距常山，西據河，南抵首陽、太行，北邊匈奴。統州十八。

并州　漢太原郡後漢為并州治。晉以後因之。唐亦曰并州，又為太原府。領太原等縣十四。○注：今太原縣是其治。

領　太原　晉陽　榆次　清源　壽陽　太谷　祁　文水　交城　廣陽　陽曲　盂　樂平

潞州　漢上黨郡。後周曰潞州，唐因之，亦曰上黨郡。領上黨等縣五。○注：今路安府。

領　上黨　長子　屯留　潞城　壺關　黎城　銅鞮[1]鄉縣　襄垣　涉

澤州　漢上黨、河東等郡。隋曰澤州，唐因之。亦曰高平郡，領晉城等縣六。○注：即今澤州。

領　晉城　高平　陵川　沁水　陽城　端氏

晉州　漢河東郡地。後魏曰晉州，後周及隋唐因之。亦曰平陽郡。領臨汾等縣七。○注：今平陽府。

領　臨汾　襄陵　神山　岳陽　洪洞　霍邑　趙城　汾西　翼氏

①銅鞮(dī)：在今山西省沁縣南。晉平公曾築銅鞮宮於此。

	絳州　漢河東郡地。後周曰絳州，隋唐因之。亦曰絳郡。領正平等縣五。○注：今屬平陽府。	領　正平　太平　萬泉　曲沃　翼城　開喜　絳　稷山　龍門
	蒲州　漢河東郡。後周曰蒲州，隋唐因之，亦曰河中府。又為河東郡。領河東等縣五。○注：今屬平陽府。	領　河東　河西　臨晉　猗氏　虞鄉　寶鼎　解　永樂
	汾州　漢西河、太原二郡地。後魏置汾州，唐因之，亦曰西河郡。領隰城等縣五。○注：今汾州府。	領　西河　孝義　介休　靈石　平遙
	慈州　漢河東郡地。隋曰汾州。唐武德五年曰南汾州。八年曰慈州。領吉昌等縣五。○注：今平陽府吉州。	領　吉昌　文城　昌寧　仵城①　呂香

①仵：音wǔ。

隰州　漢河東郡地。隋曰隰州，唐因之。亦曰太寧郡。領隰川等縣六。○注：今屬平陽府。	領　隰川　蒲　大寧　溫泉　永和　石樓
石州　漢河西郡地。後周曰石州，隋唐因之。亦曰昌化郡。領離石等縣五。○注：今汾州府永寧州。	領　離石　平夷　定胡　臨泉　方山
沁州　漢上黨郡地。隋置沁州，唐因之。亦曰陽地郡。領沁源等縣三。○注：即今沁州。	領　沁源　和川　綿上
箕州　漢上黨郡地。唐武德三年置遼州。八年曰箕州。先天初曰儀州。亦曰東平郡。中和三年，復曰遼州。領遼山等縣四。○注：即今遼州。	領　遼山　榆社　平城　和順
嵐州　漢太原郡地。後魏曰嵐州，隋唐因之，亦曰樓煩郡。領宜方等縣四。○注：今岢嵐州嵐縣。	領　宜方　靜樂　合河　嵐谷

	忻州　漢太原郡地。隋曰忻州，唐因之。亦曰定襄郡。領秀容等縣二。	領　秀容　定襄
	代州　漢雁門、太原二郡地。隋曰代州，唐因之。亦曰雁門郡。領雁門等縣五。○注：與忻州今并屬太原府。	領　雁門　繁畤　五臺　唐林　崞縣
	朔州　漢定襄、雁門二郡地。後魏置朔州。北齊及隋唐因之。亦曰馬邑郡。領善陽等縣二。○注：今屬大同府。	領　鄯陽　馬邑
	蔚州　漢代郡地。後周置蔚州。隋唐因之。亦曰安邊郡。領靈邱等縣三。○注：今靈邱縣。	領　興唐　靈邱　飛狐

	靈州　漢雲中、雁門郡地。唐武德六年置恒州。七年廢。貞觀十四年改置雲州于此。亦曰雲中郡。領雲中縣一。○注：今大同府治是。唐末又置應州，領金城等縣二。○注：今屬大同府。	領　雲中
	河北道　東并海，南迫于河，西距太行、常山，北通榆關、薊門。統州二十三。	
	懷州　漢河內郡。後魏置懷州。隋唐因之，亦曰河內郡。領河內等縣九。○注：今懷慶府。會昌三年，置孟州，領河陽等縣五。○注：今孟縣。	為河陽三城節度使理所。 領　河內　武陟　武德　修武　獲嘉 河陽　汜水　溫縣　濟源　河清　五縣 具河南府。
	衛州　漢河內及魏郡地。後周曰衛州，隋唐因之。亦曰汲郡。領汲縣等縣五。○注：今衛輝府。	領　汲　新鄉　衛　共城　黎陽○注：今濬縣。

相州　漢曰魏郡。後魏曰相郡，後周及隋唐因之。亦曰鄴郡。領安陽等縣九。○注：今彰德府。武德初置磁州，貞觀初廢。永泰初復置。領釜陽等縣四。○注：今磁州。

領　安陽　鄴　成安　内黄　堯城　洹水　臨漳　臨河　湯陰　林慮

磁州領　滏陽　邯鄲　昭義　武安

洺州　漢曰廣平國。後周曰洺州，隋唐因之。亦曰廣平郡。領永年等縣七。○注：今順德府。

領　永年　雞澤　洺水　肥鄉　清漳　曲周　臨洺　平恩

趙州　漢鉅鹿、常山等郡地。北齊曰趙州，隋唐因之。亦曰趙郡，領平棘等縣九。○注：今屬真定府。

領　平棘　元氏　臨城　柏鄉　高邑　贊皇　昭慶　寧晉

冀州　漢曰信都國。晉嘗為冀州治，後魏以後因之。唐亦曰冀州。龍朔二年，即魏州。尋復故。亦曰信都郡。領信都等縣六。○注：今屬真定府。

領　信都　衡水　南宫　武邑　下博　武強　棗強　堂陽　阜城

恒州　漢常山郡。後周置恒州。隋唐因之。亦曰常山郡。《元和》：『十五年，改曰鎮州。領真定等縣六。』○注：今真定府。

定州　漢曰中山郡。後魏曰定州，後周及隋唐因之。亦曰博陵郡。領安喜等縣十一。○注：今屬真定。

邢州　漢鉅鹿、常山等郡地。隋曰邢州，唐因之。亦曰鉅鹿郡。領龍岡等縣九。

易州　漢涿郡地。隋曰易州，唐因之。亦曰上谷郡。領易縣等縣五。○注：今屬保定府。

恒冀節度使理所。領　真定　槀城　九門　靈壽　行唐　井陘　獲鹿　石邑　房山　鼓城

易定節度使理所。領　安喜　新樂　義豐　唐望都　北平　無極　陘邑　深澤　恒陽

領　龍岡　堯山　鉅鹿　沙河　平鄉　南平　任內邱[1]　青山

領　易　淶水　容城　遂城　滿城　五迴

①任內邱：原作任內　邱，今改。

	幽州　漢曰燕國。後漢為幽州治。晉以後因之。唐仍曰幽州①，亦曰范陽郡。領薊州等縣十。〇注：今順天府。開元十八年新置薊州②，亦曰漁陽郡。領漁陽等縣三。〇注：今屬順天府。大歷四年置涿州，領范陽等縣三。〇注：今屬順天府。	領　薊　幽都　廣平　潞　武清　安次　良鄉　昌平 領　漁陽　三河　玉田 領　范陽　歸義　固安　新昌　新城
	深州　漢涿郡地。隋曰深州，唐因之。亦曰饶陽郡。領饒陽等縣四。〇注：今屬晉州。	領　饒陽　陸澤　鹿城　安平
	瀛州　漢涿郡地。後魏曰瀛州，隋唐因之。亦曰河間郡。領河間等縣十。〇注：今河間府。	領　河間　高陽　平舒　束城
	貝州　漢曰清河郡。後周曰貝州。隋唐因之，亦曰清河郡。領清河等縣九。〇注：今屬廣平府。	領　清河　清陽　歷亭　東武城　宗城　經城　漳南　臨清　夏津　永濟

①州：原作「川」，據《讀史方輿紀要》改。

②新：原作「朽」，據《讀史方輿紀要》改。

魏州		漢魏郡及東郡地。後周置魏州。隋唐因之。龍朔二年，改曰冀州。尋復故。亦曰魏郡。領貴鄉○注：今大名縣。等縣十。	魏博節度使理所。領　貴鄉　元城　魏　館陶　冠氏　朝城　莘　昌樂
澶州		漢頓邱縣。唐武分魏州之頓邱、觀城二縣置。貞觀廢。大歷七年復置。領頓邱等縣四。	領　頓邱　臨黃　觀城　清豐
鄚州①		景雲二年分瀛州地置。開元曰莫州。亦曰文安郡。領鄚縣等縣六。	領　鄚　清苑　文安　任邱　長豐　唐興
博州		漢東郡、平原等郡地。隋曰博州，唐因之。亦曰博平郡。領聊城等縣六。○注：今東昌府。	領　聊城　武水　堂邑　清平　博平　高唐

①鄚：音 mào。

德州　漢曰平原郡。隋置德州，唐因之。亦曰平原郡。領安德等縣八。〇注：今濟南府陵縣有故安德城。	領　安德　平原　平昌　將陵　安陵　蓨　長河
滄州　漢曰勃海郡。後魏置滄州，隋唐因之。亦曰景城郡。領清池等縣十。〇注：今屬河間府。	滄景節度使理所。領　清池　長蘆　魯城　鹽山　饒安　樂陵　無棣
景州①　武德四年置觀州，貞觀十七年廢。貞元五年改置景州。領弓高等縣四。	景州領　弓高　南皮　景城　東光　臨津
嬀州②　漢上谷郡地。唐武德七年置北燕州。貞觀八年改嬀州。亦曰嬀州郡。領懷戎等縣二。〇注：今懷來衛。	領　懷戎
檀州　漢漁陽郡地。隋曰檀州，唐因之。亦曰密雲郡。領密雲等縣七。天寶初置歸化郡，領懷柔縣一。	領　密雲　燕樂

①景州：原文无此二字，据后文补。　②嬀：音guī。

	營州　漢屬遼西郡。後魏曰營州。隋唐因之。亦曰柳城郡。領柳城縣一。○注：今大寧廢衛東有故營州城。	領　柳城
	平州　漢右北平及遼西等郡地。隋曰平州，唐因之。亦曰北平郡。領盧龍等縣三。○注：今永平府。	領　盧龍　石城　馬城
	燕州　漢燕國地。隋曰順州。唐曰燕州。亦曰歸德郡。領遼西縣一。○注：今昌平州順義縣。	
	山南道　東接荆楚，西抵隴蜀，南控大江，北距商華之山。統州三十三。	
	荆州　漢曰南郡，晉為荆州治。後因之。唐仍曰荆州，亦曰江陵郡。上元初曰江陵府。領江陵等縣八。○注：今荆州府。	領　江陵　枝江　當陽　長林　石首　松滋　公安　荊門

	襄州　漢南郡及南陽郡地。西魏曰襄州，隋唐因之。亦曰襄陽郡。領襄陽等縣七。○注：今襄陽府。	襄陽節度使理所。領　襄陽　臨漢　南漳　義清　宜城　樂鄉　穀城
	鄧州　漢曰南陽郡。隋曰鄧州，唐因之。亦曰南陽郡。領穰縣等縣六。○注：今屬南陽府。	領　穰　南陽　新野　向城　臨湍　菊潭　內鄉
	唐州　漢南陽郡。後魏改曰淮州。隋改為顯州。唐貞觀改為唐州。領比陽等縣七。	領　比陽　慈邱　桐柏　平氏　湖陽　方城　泌陽
	隨州　漢南陽郡隨縣。晉置隨郡。後魏大統改隨州，唐因之。領隨縣等縣四。	領　隨　光化　棗陽　唐城
	郢州①　漢江夏郡地。西魏曰隋州。隋唐因之。亦曰富水郡。領長壽等縣三。○注：今承天府。	領　長壽　京山　富水

①郢：音yǐng。

復州　漢江夏及南陽郡地。後周曰復州，隋唐因之。亦曰竟陵郡。領沔陽等縣三。○注：今沔陽州。

領　竟陵　沔陽　監利

均州　漢南陽、漢中二郡地。隋曰均州，唐因之。亦曰武當郡。領武當等縣三。○注：今屬襄陽府。

領　武當　鄖鄉　豐利

房州　漢漢中郡地。唐武德初置房州。亦曰房陵郡。領房陵等縣四。○注：今勛陽府①房縣。

領　房陵　永清　竹山　上庸

峽州　漢南郡地。後周曰峽州，隋唐因之。亦曰夷陵郡。領夷陵等縣五。○注：今夷陵州是。

領　夷陵　宜都　長楊　遠安

歸州　漢南郡地。唐武德二年曰巴州，亦曰巴東郡，領秭歸等縣三。○注：今屬荊州府。

領　秭歸　巴東　興山

①勛：當作『鄖』。

夔州　漢巴郡地。梁曰信州。唐武德三年，改曰夔州，亦曰雲安郡。領奉節等縣四。○注：今夔州。

領　奉節　雲安　巫山　大昌

萬州　漢巴郡地。唐武德二年置南浦州。貞觀八年曰萬州。亦曰南浦郡。領南浦等縣三。○注：今萬縣。

領　南浦　武寧　梁山

忠州　漢巴郡。後周曰臨州，唐貞觀八年曰忠州，亦曰南賓郡。領臨江等縣五。○注：今屬夔州府。

領　臨江　豐都　南賓　墊江　桂溪

梁州　漢曰漢中郡。三國漢為梁州治。晉以後因之。唐亦曰梁州。開元十三年曰褒州，尋復故。亦曰漢中郡。興元初，又為興元府，領南鄭等縣五。○注：今漢中府。

『元和』：山南西道節度使理所。

領　南鄭　褒城　金中　三泉　西城固

	洋州　漢漢中郡地。西魏曰洋州，隋唐因之。亦曰洋川郡。領西鄉等縣四。○注：今漢中府。	領　西鄉　興道　黃金　洋源　貞符
	金州　漢漢中郡。西魏曰金州，隋唐因之。亦曰安康郡。至德二載，曰漢南郡。領西城等縣六。○注：今屬漢中府。	領　西城　洵陽　石泉　漢陰○注：《元和》闕。
	商州　漢宏農郡地。後周曰商州，隋唐因之。亦曰上洛郡。領上洛等縣五。○注：今屬西安府。	領　上洛　豐陽　洛南　商洛　上軍　安業○注：後改為乾元。
	鳳州　漢武都郡地。後周曰鳳州，隋唐因之。亦曰河池郡，領梁泉等縣四。○注：今鳳縣。	領　梁泉　兩當　河池
	興州　漢武都郡地。西魏曰興州，隋唐因之。亦曰順政郡。領順政等縣三。○注：今爲寧羌州略陽縣。	領　順政　長舉　鳴水

利州　漢廣漢郡地。西魏曰利州，隋唐因之。亦曰益昌郡。領綿等縣六。○注：今廣元縣。	領　綿谷　益昌　葭萌　胤山　景谷
閬州　漢巴郡地。唐初置隆州。先天中曰閬中州。亦曰閬中郡。領閬中等縣九。○注：今保寧府。	領　閬中　晉安　南部　蒼溪　西水　奉國　新井　新政　岐坪○注：《元和志》缺。
開州　漢巴陵地。唐武德初年置開州。亦曰盛山郡，領盛山等縣三。○注：今開縣。	領　南江　新浦　萬歲○注：《元和志》缺
果州　漢巴郡地。唐武德四年置果州。亦曰南充郡。領南充等縣六。○注：今臨慶府。	領　南充　相知　流溪　西充○注：《元和志》缺
合州　漢巴郡地。西魏置合州，唐因之。亦曰巴州。領石鏡等縣六。○注：今屬重慶府。	領　石鏡　漢初　新明　銅梁　巴川　赤水

	渝州　漢巴郡地。隋曰渝州，唐因之。亦曰南平郡。領巴縣等縣四。○注：今重慶府。	領　巴　江津　萬壽　南平　壁山
	渠州　漢巴郡地。唐武德初曰渠州，亦曰鄰山郡。領流江等縣四。○注：今廣安州渠縣。	領　流江　渠江　潾山○注：《元和志》缺
	涪州①　漢巴郡地。唐武德初置涪州。亦曰涪陵郡。領涪陵等縣四。○注：今屬重慶府。	領　涪陵②　樂溫　武龍　賓化
	蓬州　漢巴郡地。後周置蓬州，隋唐因之。亦曰咸安郡。領大寅等縣六。○注：唐地理志領縣七。○注：今儀隴縣南故城是。	領　蓬池　良山　儀隴　伏虞　宕渠　蓬山　朗池○注：《元和志》缺。
	壁州　漢巴郡地。唐武德八年置壁州，亦曰始寧郡，領諸水○注：今通江縣等縣三。○注：《地理志》：五。	領　通江　廣納　符陽○注：《元和》缺。　白石　東巴

①涪：音fú。　②涪陵：原作培陵，誤，改之。

	巴州　漢巴郡地。梁曰巴州，隋唐因之，亦曰清化郡。領化成等縣七。〇注：今屬保定府。	領　清化　會口　歸仁　始寧　其章　恩陽　七盤　〇注：《元和志》缺。
	通州　漢巴郡地。西魏曰通州，隋唐因之。亦曰通川郡。領通川等縣七。〇注：今達州。《唐書·地理志》：領縣九。	領　通川　永穆　三岡　石鼓　東鄉　宣漢　新寧　巴渠　閬英〇注：《元和志》缺。
	集州　漢廣漢、巴郡二郡地。梁曰集州，隋唐因之，亦曰符陽郡。領難江〇注：今通江縣。等縣三。	領　難江　人牟　嘉州〇注：《元和志》缺。
	隴右道　東接秦州，西踰流沙，南連蜀及吐番，北界沙漠，統州二十。	
	秦州　漢曰天水郡。晉置秦州，唐因之。亦曰天水郡。領上邽等縣五。〇注：今屬鞏昌府。	領　上邽①伏羌　隴城　清水　成紀

①邽：音guī。

	渭州　漢曰隴西郡。後魏曰渭州，唐因之。亦曰隴西郡。領襄武等縣四。○注：今巩昌府。上元以後為吐蕃所陷，中和四年置渭州于平涼。○注：今平涼府。	領　襄武　渭源　隴西　彰
	成州　漢武都地。西魏曰成州，隋唐因之。亦曰同谷郡。領上祿。○注：今成縣西有故城。等縣三。	領　上祿　同谷　長道
	武州　漢武都郡。西魏置武州，隋唐因之。亦曰武都郡。景福初，改曰階州。領將利。○注：今階州北有廢縣。等縣三。	領　將利　福澤　盤隄①
	蘭州　漢金城等郡地。隋曰蘭州，唐因之。亦曰金城郡。領五泉。○注：今臨洮府。等縣三。天寶三年置狄道等縣二。	領　五泉　廣武

①隄：同『堤』。

河州　漢金城等郡地。符秦置河州，後周及隋唐因之。亦曰安鄉郡。領抱罕等縣三。○注：今屬臨洮府。	領　抱罕　鳳林　大夏
洮州　本西戎地。後周置洮州，隋唐因之。亦曰臨洮郡，領臨潭等縣二。○注：今洮州府。	領　臨潭　美湘
岷山　漢隴西郡地。西魏置岷州，隋唐因之，亦曰和政郡。領溢樂等縣四。○注：今為岷山衛。	領溢樂　祐川　和政
疊州　本羌戎地。後周置疊州，隋唐因之，亦曰合川郡，領合川等縣二。○注：今洮州卫南有疊州故城。	領　合川　常芳
宕州　本羌戎地。後周置宕州，隋唐因之，亦曰懷道郡，領懷道等縣二。○注：今宕州故城在岷州南百二十里。	領　懷道　良恭

鄯州　漢金城郡地。後魏置鄯州，隋唐因之。亦曰西平郡。領湟水等縣三。○注：今西寧府。

領　湟水　鄯城　龍支

廓州　本西羌地。後周置廓州。亦曰寧塞郡。領廣威等縣四。○注：今西寧府西。

領　北城　遠化　來川

涼州　漢曰武威郡，曹魏爲涼州治，晉以後因之。唐仍爲涼州。亦曰武威郡。領姑臧等縣五。○注：今涼州。

領　姑城　神烏　昌松　嘉麟　天寶

甘州　漢曰張掖郡。西魏曰甘州，唐因之。亦曰張掖郡。領張掖等縣三。○注：今甘州。

領　張掖　删丹

肅州　漢曰酒泉郡。隋置肅州，唐因之。亦曰酒泉郡。領酒泉等縣三。○注：今肅州。

領　酒泉　福祿　玉門

按：福祿縣，《前漢志》本作祿福。《後漢志》始作福祿。而《魏志·龐淯傳》及皇甫謐《列女傳》載龐娥事所云祿福趙君安之女，又云祿福長尹嘉。當時仍作祿福。疑自晉以後，始改爲福祿也。然《元和》諸志皆不詳。

	瓜州　漢敦煌郡地。唐武德五年置瓜州，亦曰晉昌郡。領晉昌等縣二。〇注：今廢沙州衛東有故瓜州故城。	領　晉昌　常樂
	沙州　漢曰敦煌郡。唐武德五年曰西沙州。貞觀七年曰沙州。亦曰敦煌郡。領敦煌等縣二。〇注：今廢沙州衛。	領　敦煌　壽昌
	伊州　漢西域伊吾廬地。唐貞觀四年，内屬，置西伊州。六年曰伊州。亦曰伊吾郡。領伊吾等縣二。〇注：今哈密衛。	領　伊吾　柔遠　納職
	西州　漢西域車師前王庭。唐貞觀十四年平高昌，置西州，亦曰交河郡。又爲金山都督府。領高昌等縣五。〇注：今西域火州。	領　高昌〇注：天寶元年改前庭縣。柳中　交河　天山　蒲昌

庭州　漢車師後王庭。唐貞觀十四年得其地，置庭州。長安十二年曰北庭都護府。天寶初曰北庭節度使。領金蒲等縣三。○注：今火州北有慶庭州。上元以後，河西軍鎮多爲四鶻所陷。	領　金蒲○注：寶應元年改後庭縣。浦類　輪臺	
淮南道　東臨海，西抵漢，南據大江，北距淮泗，統州十四。		
揚州　漢曰廣陵國，隋曰揚州，唐因之。亦曰廣陵郡。領江都等縣四。○注：今揚州府。	領　江都　江陽　六合　海陵　高郵　揚子　天長	
楚州　漢臨淮郡地。隋置楚州，唐因之。亦曰淮陰郡，領陽山等縣四。○注：今淮安府。	領　山陽　鹽城　寶應　淮陰	

和州　漢九江郡地。北齊曰和州，隋唐因之。亦曰歷陽郡，領歷陽等縣二。○注：今仍曰和州。	領　歷陽　烏江　含山
滁州　漢九江郡地。隋曰滁州，唐因之。亦曰永陽郡。領清流等縣二。○注：今仍曰滁州。	領　清流　全椒　永陽
濠州　漢九江郡地。隋曰豪州。唐改濠州。亦曰鍾離郡。領鍾離等縣三。○注：今鳳陽府。	領　鍾離　定遠　招義
壽光　漢九江郡。隋曰壽州，唐因之。亦曰壽春郡。領壽春等縣四。○注：今屬鳳陽府。	領　籌春　安豐　盛唐　霍邱　霍山
廬州　廬江等郡地。隋初曰廬州，唐曰廬州。亦曰廬江郡。領合肥等縣四①。○注：今廬州府。	領　合肥　慎巢　廬江　舒城

①四：原作「曰」，據《讀史方輿紀要》改。

舒州	廬江郡地。唐武德四年曰舒州①。亦曰同安郡。至德二載又曰盛唐郡。領懷寧等縣五。○注：今安慶府。	領　懷寧　宿松　望江　太湖　桐城
蘄州	漢江夏郡。後周曰黃州，隋唐因之。亦曰齊安郡。領黃岡等縣三。○注：今黃州府。	領　蘄春　黃梅　蘄水　廣濟　黃州 領　黃岡　黃陂　麻城
沔州	漢江夏郡地。隋曰沔州，唐因之。亦曰漢陽郡。領漢陽等縣二。○注：今漢陽府。	領　漢陽　汊水②
安州	漢江夏郡地。魏曰安州，唐因之。亦曰安陸郡。領安陸等縣六。○注：今德安府。	應城 領　安陸　應山　雲夢　孝昌　吉陽
申州	漢南陽、江夏二郡地。後周曰申州，隋唐因之。亦曰義陽郡。領義陽等縣三。○注：今信陽州。	領　義陽　鍾山　羅山

按：《元和志》以屬內申光一州移列于河南道蔡州之後，蘄、黃、安三州移列于江南道鄂、沔二州之後，似乎傳寫有訛。然考《唐書·方鎮表》大歷十四年淮西節度使復治蔡州，尋更號申光蔡節度使。又永泰元年蘄、黃二州隸鄂岳節度，升鄂州團練使爲觀察使，增領岳、蘄、黃三州。元和元年升鄂岳觀察使爲武昌節度使，增領安、黃二州，則申光二州，嘗由淮南道割隸河南道，蘄、黃、安三州嘗由淮南割隸江南道。唐志偶失移，非《元和志》錯亂也。

①武德四年：原無『德』字，據《讀史方輿紀要》補。　②汊（chà）：同『汊』。河流的分岔。

光州　漢汝南郡。梁末置光州，唐因之。亦曰弋陽郡。領定城等縣五。○注：今光州。

領　定城　殷城　固始　光山　仙居

江南道　東臨海，西抵蜀，南極嶺，北帶江。統州四十二。

潤州　漢丹陽等郡地。隋置潤州，唐因之。亦曰丹陽郡。領丹徒等縣五。今鎮江府。至德二載，置江寧府，領上元等縣四。○注：今應天府。

《元和》：『爲浙西觀察使理所。』

領　丹徒　丹陽　金檀　延陵　上元　句容

常州　漢會稽郡地。隋置常州。唐因之。亦曰晉陵郡。領武進等縣四。○注：今常州府。

領　晉陵　武進　江陰　無錫

蘇州　漢會稽郡。隋曰蘇州，唐因之。亦曰吳都郡。領吳縣等縣四。○注：今蘇州府。

領　吳　長洲　嘉興　海鹽　常熟　崑山　華亭

	湖州　漢會稽及丹陽郡地。隋曰湖州。唐因之，亦曰吳興郡。領烏程等縣五。○注：今湖州府。	領　烏程　長城　安吉　武康　德清
	杭州　漢會稽郡。隋置杭州，唐因之。亦曰餘杭郡。領錢塘等郡五。○注：今杭州府。	領　錢塘　餘杭　臨安　富陽　於潛　鹽官　新城　唐山
	睦州　漢丹陽郡。隋置睦州，唐因之。亦曰新定郡。領建德等縣七。	領　建德　桐廬　遂安　清溪　分水　壽昌
	歙州①　漢丹陽郡地。隋置歙州，唐因之，亦曰新安郡。領歙縣等縣三。○注：今徽州府。	領　歙　黟③　休寧　婺源　绩溪　祁門
	婺州②　漢會稽郡地。隋曰婺州，唐因之。亦曰東陽郡。領金華等縣五。○注：今金華府。武德四年衢州，亦曰信安郡。領信安等縣六。○注：今衢州府。	領　金華　義烏　永康　東陽　蘭溪　武義　浦陽　衢州領　信安　當山　龍邱　須江

①歙：音shè。　②婺：音wù。　③黟：音yī。

越州　漢會稽置郡地。隋置越州，唐因之。亦曰會稽郡。領會稽等縣五。○注：今紹興府。開元二十六年又置明州。亦曰餘杭郡。領勒縣等縣四。○注：今寧波府。

領　會稽　山陰　諸暨　餘姚　蕭山　上虞　剡

台州　漢會稽郡。唐武德四年置海州，五年改爲台州。亦曰臨海郡。領臨海等縣三。○注：今台州府。

領　臨海　唐興　黃巖　樂安　寧海

括州　漢會稽郡地。隋曰處州，尋改括州。唐大歷十四年復曰處州。領括蒼等縣五。○注：今處州府。上元二年分置溫州，亦曰永嘉郡。領永嘉等縣四。○注：今溫州府。

括州即漢之回浦縣也，隋改置之處州也。處州有二。一在府城東南七里括蒼山麓，隋時故治也。亦謂之括州。一在府城西二里小括山上。唐末盧約竊據是州，遷治于此。宋時郡治因之。今仍謂處州。

領　括蒼○注：大歷改爲麗水縣。　松陽　縉雲　遂昌　青田　龍泉

溫州領　永嘉　安固　橫陽　樂成

建州　漢屬會稽郡。唐武德四年置建州，亦曰建安郡。領建安等縣六。○注：今建寧府。

領　建安　浦城　邵武　將樂　建陽

福州　漢屬會稽郡。唐武德四年于此置泉州。景雲二年，改曰閩州。開元十三年曰福州，亦曰長樂郡。領閩縣等縣八。○注：今福州府。聖歷二年分置武榮州。景雲二年，又改爲泉州。亦曰清源郡。領晉江等縣四。○注：今泉州府。

領　閩　候官　長樂　福唐　連江　長溪　尤溪　古田　永泰

《元和》：爲福建觀察使理所。

泉州領　晉江　南安　莆田　仙遊

垂拱二年，又置漳州。亦曰漳浦郡。領漳浦等縣四。○注：今漳州府。

漳州領　龍溪　漳浦　龍巖

開元二十四年又置汀州，亦曰臨汀郡。領長汀等縣二。○注：今汀州府。

汀州領　長汀　沙　寧化

宣州　漢曰丹陽郡。隋置宣州，唐因之。亦曰宣城郡。領宣城等縣八。○注：今寧國府。武德四年又置池州。亦曰秋浦郡。領秋浦等縣四。○注：今池州府。

《元和》：『爲宣歙觀察使理所。』

領　宣城　南陵　涇　當塗　溧陽[1]　溧水　寧國　廣德　太平　旌德

①溧：音ㄌㄧˋ。

饒州　漢豫章郡地。隋曰饒州，唐因之。亦曰鄱陽郡。領鄱陽等縣四。今饒州府。乾元初置信州。領上饒等縣三。○注：今廣信州。

領　鄱陽　餘干　樂平　浮梁

撫州　漢豫章郡地。隋曰撫州，唐因之。亦曰臨川郡。領臨川等縣三。○注：今撫州府。

領　臨川　南城　崇仁　南豐

虔州　漢豫章郡地。隋置虔州，唐因之。亦曰南康郡。領贛縣等縣四。○注：今贛州府。

領　贛　南康　信豐　大庾　雩都[①]　虔化　安遠

洪州　漢豫章郡。隋置洪州，唐因之。亦曰豫章郡。領豫章等縣四。○注：今南昌府。

領　南昌　高安　新吳　豐城　建昌　武寧　分寧

吉州　漢豫章郡。隋置吉州，唐因之。亦曰廬陵郡。領廬陵等縣四。○注：今吉州府。

領　廬陽　安福　永新　太和　新淦[②]

①雩：音yú。②淦：音gàn。

	袁州　漢豫章郡地。隋置袁州。唐因之。亦曰宜春郡。領宜春等縣三。○注：今袁州府。	領　宜春　新喻　萍鄉
	郴州[1]　漢曰桂陽郡。隋曰郴州，唐因之。亦曰桂陽郡。領郴縣等縣八。○注：今仍曰郴州。	領　郴　義章　義昌　平陽　資興　高亭　臨武　藍山
	江州　漢廬江、豫章二郡地。晉爲江州治。宋齊及隋唐因之。亦曰潯陽郡。領潯陽等縣三。○注：今九江府。	領　潯陽　彭澤　都昌
	鄂州　漢曰江夏郡。隋曰鄂州。唐因之。亦曰江夏郡。領江夏等縣五。○注：今武昌府。	領　江夏　永興　武昌　唐年　蒲圻[2]
	岳州　漢長沙郡地。隋曰岳州。唐因之。亦曰巴陵郡。領巴陵等縣五。○注：今岳州府。	領　巴陵　華容　湘陰　沅江　昌江

①郴：音chēn。　②圻：音qí。

	潭州　漢曰長沙國。隋曰潭州。唐因之。亦曰長沙郡。領長沙等縣五。○注：今長沙府。	《元和》：『爲湖南觀察使所。』 領　長沙　醴陵　瀏陽　益陽　湘鄉　湘潭
	衡州　漢長沙、桂陽等郡地。隋曰衡州，唐因之。亦曰衡陽郡。領衡陽等縣五。○注：今衡州府。	領　衡陽　攸　茶陵　耒陽　常寧　衡山
	永州　漢曰零陵郡。隋曰永州，唐因之。亦曰零陵郡。領零陵等縣三。○注：今永州府。	領　零陵　祁陽　湘源　灌陽
	道州　漢長沙國地。唐武德四年置營州。貞觀八年曰道州。亦曰江華郡。領營道等縣三。○注：今屬永州府。	宏道　永明　延唐　大歷　江華
	邵州　漢長沙、零陵地。唐武德四年置邵州，亦曰邵陽郡。領邵陽等縣二。○注：今寶慶府。	領　邵陽　武岡

朗州　漢曰武陵郡。隋曰朗州，唐因之。亦曰武陵郡。領武陵等縣二。○注：今常州府。	領　武陵　龍陽
澧州①　漢武陵郡地。隋曰澧州，唐因之。亦曰澧陽郡。領澧陽等縣五。○注：今屬岳州府。	領　澧陽　安鄉　石門　慈利
辰州　漢武陵、長沙郡地。隋曰辰州，唐因之。亦曰盧溪郡。領沅陵等縣七。○注：今辰州府。	領　沅陵　盧溪　麻陽　溆浦　辰溪
巫州　漢武陵、長沙郡地。唐貞觀八年置巫州。大歷五年，又改曰溆州。領龍標等縣三。○注：今辰州府沅州西南廢龍標城。垂拱二年又置錦州，領盧陽縣二。長安四年，又置舞州。大歷五年，改曰獎州。領峨山縣三。○注：今沅州西界有廢峨山縣。	溆州領　龍標　朗溪　潭陽 錦州領　盧陽　洛浦　招喻　渭陽　常豐 獎州領　峨山　渭溪　梓薑

①澧：音ㄧㄚ。

	施州　漢南郡地。隋義寧二年曰施州，唐因之。亦曰清江郡。領清江等縣二。○注：今施州衛。天授二年，分置溪州。亦曰靈溪郡。領大鄉等縣二。○注：今永順宣尉司。	領　清江　建始
	思州　漢武陵郡地。唐武德初置務州。貞觀四年曰思州，亦曰寧夷郡。領務川等縣四。○注：今思南府屬。	領　務川　思王　思邛②
	南州　漢武陵郡。唐武德二年置南州。三年曰僰州①，亦曰南川郡。領南川等縣二。	領　南州　三溪
	黔州　漢武陵郡地。後周置黔州，隋唐因之。亦曰黔中郡。領彭水等縣五。	領　彭水　黔江　洪杜　洋水　信寧　都濡 《元和》：『黔州觀察使理所。』

①僰：音bó。　②邛：音qióng。

	費州　漢牂牁郡地。後周置費州，唐因之。亦曰涪郡。領涪川等縣四。○注：今思南府東北有廢費州。	領　涪川　多田　城樂　扶陽
	夷州　漢牂牁郡地①。武德四年置夷州。亦曰義泉郡。領綏陽等縣五。	領　綏陽　都上　養泉　洋川　寧夷
	溱州②　古南蠻地。唐貞觀十六年置溱州，亦曰溱溪郡。領營懿○注：今遵義府東南有廢縣。等縣二。	領　榮懿　扶歡
	播州　漢牂牁郡地。貞觀十年置郎州，十一年改置播州。亦曰播川郡。領播川等縣四。○注：今遵義府。	領　遵義　帶水　芙蓉
	珍州　漢牂牁郡地。貞觀十六年置珍州。亦曰夜郎郡，領夜郎○注：今桐梓縣。等縣三。	領　夜郎　麗皋　樂源

①牂牁（zāng kē）：在今貴州境內。②溱（zhēn）州：唐貞觀十七年（643）置，治榮懿縣（今重慶綦江縣東南青年鎮）。又，隋仁壽四年（604）改豫州置，治所上蔡縣（大業初改汝陽縣，今河南汝南縣）。

	劍南道　東連牂牁，西界吐蕃，南接群蠻，北通劍閣。統州二十六。	
	益州　漢曰蜀都。晉以後皆爲益州治。唐仍曰益州。亦曰蜀郡。至德二載曰成都府。領成都等縣十六。○注：今仍曰成都府。垂拱二年，分置蜀州。亦曰唐安郡。領普原等縣四。○注：今崇慶府。又置彭州，亦曰彭陽郡。領九隴等縣四。○注：今彭縣。又置漢州，亦曰德陽郡。領雒縣等縣五。○注：今漢州。	領　成都　華陽　靈池　犀浦　廣都　郫[1]　溫江　新繁　雙流　新都 《元和》：『爲劍南節度使理所。』 蜀州領　普原　青城　新津　唐興 ○注：宋改為江源。 彭州領　九隴　導江　唐昌　濛陽 漢州領　雒　綿竹　丹陽　什邡[2]　金堂
	綿州　漢廣漢郡地。隋曰綿州，唐因之。亦曰巴西郡，領巴西等縣。○注：今屬成都府。	領　巴西　昌明　羅江　神泉　龍安　魏城　鹽泉　西昌

①郫：音pí。　②邡：音fāng。

	劍州　漢廣漢郡地。西魏曰始州。唐初因之。先天二年，改曰劍州。亦曰普安郡。領普安等縣七。○注：今劍州。	領　普安　梓潼　黃安　永歸　陰平　武連　臨津　劍門
	梓州　漢廣漢、巴西二郡地。隋曰梓州唐因之。亦曰梓潼郡。領郪縣等縣八。○注：今潼川州。	領　郪[1]　射洪　通泉　元武　鹽亭　永泰　飛烏　銅山　涪城[2]
	遂州　漢廣漢郡地。後周置遂州，隋唐因之。亦曰遂寧郡。領方義等縣五。○注：今遂寧縣即州治。	領　方義　長江　青石　遂溪　遂寧
	普州　漢犍爲、巴郡二郡地。後周置普州，隋唐因之，亦曰安岳郡。領安岳等縣六。○注：今安岳縣即州治。	領　安岳　普康　安居　普慈　崇龕　樂至

①郪：音qī。　②涪：音fú。

資州　漢犍爲郡地。西魏曰資州，隋唐因之，亦曰資陽郡。領盤石等縣八。○注：今資縣。乾元初置昌州治昌元縣光啓中又移州治治大足縣。○注：昌元縣今爲營昌，與大足縣俱屬重慶府。

領　盤石　資陽　內江　丹山　銀山　龍水　清溪　月山　昌州鎮　靜南　昌元　永川　大足

簡州　漢犍爲、廣漢郡地。隋曰簡州，唐因之。亦曰陽安郡。領陽安等縣三。○注：今屬成都府。

領　陽安　金水　平泉

陵州　漢犍爲、蜀郡二郡地。西魏曰陵州，隋唐因之。亦曰仁壽郡。領仁壽等縣四。

領　仁壽　貴平　籍　始建　井研

邛州①　漢蜀郡地。西魏置邛州，唐因之。亦曰臨邛郡。領臨邛等縣七。○注：今仍曰邛州。

領　臨邛　大邑　安仁　依政　臨溪　火井　蒲江

①邛：音qióng。

雅州　漢蜀郡地。隋曰雅州，唐因之。亦曰盧山郡。領巖道等縣五。○注：今仍曰雅州。大足初置黎州，亦曰洪源郡，領漢原等縣三。○注：今黎州千戶所。

領　巖道　百丈　名山　盧山　榮經

眉州　漢犍爲郡地。西魏曰眉州，隋唐因之。亦曰通義郡。領通義等縣五。○注：今仍曰眉州。

領　通義　彭山　丹稜　洪雅　青神

嘉州　漢曰犍爲郡。後周曰嘉州，隋唐因之。亦曰犍爲郡。領龍游等郡四。○注：今曰嘉定州。

領　龍游　夾江　綏山　羅目　峨眉　玉津　平羌　犍爲

榮州　漢犍爲郡地。唐武德初置榮州。亦曰和義郡。領旭川等縣六。○注：今榮縣是其治。

領　旭川　咨官　和義　威遠　公井　應靈

瀘州　漢犍爲郡地。梁置瀘州，隋唐因之。亦曰瀘川郡。領瀘川等縣六。○注：今仍曰盧州。

領　瀘川　綿水　江安　當義　合江

戎州　漢屬犍爲郡。梁置戎州，隋唐因之，亦曰南溪郡。領南溪等縣五。○注：今敘州府。

領　僰道　義賓　開邊　南溪　歸順

茂州　漢汶山郡。隋曰汶州，唐武德初曰會州，四年曰南會州。貞觀八年曰茂州。亦曰通化郡。領汶山等縣四。○注：今屬成都府。

領　汶山　汶川　通化　石泉

維州　古羌夷地。唐武德初置維州。亦曰維州郡。領薛城等縣三。○注：今威州。

領　薛城　定廉　鹽溪

巂州①　漢曰越巂郡，隋唐因之，亦曰越巂郡。領越巂等縣七。○注：今建昌行都司。

領　越巂　西瀘　蘇祁　臺登　邛部　昆明　會川

姚州　漢益州郡。唐武德四年置姚州。亦曰雲南郡。領姚城等縣七。○注：今姚安軍民府。

領　姚城　長門　長城

①巂（xī）：在今四川省西昌地区。又音juàn，亦地名，在今山东省东阿县西南。

	龍州　古徼外地。西魏置龍州，隋因之。唐貞觀初曰龍門州。亦曰油江郡。領油江等縣二。○注：今爲龙安府。	領　江油　清川
	文州　漢廣漢郡地。西魏曰文州，唐因之，亦曰陰平郡。領曲水等縣二。○注：今階州文縣。	領　曲水　長松 《元和》：『隸山南道。』
	扶州　古西戎地。隋曰扶州，唐因之。亦曰同昌郡。領同昌等縣四。○注：今文縣西北有廢扶州。	領　同昌　帖夷　鉗川　尚安
	松州　古西羌地。唐武德初置松州，亦曰文川郡。領嘉城等縣二。○注：今松潘衛。	領　嘉城　交川
	翼州　漢蜀郡地。唐武德初置翼州。亦曰臨翼郡。領衛山等縣四。○注：今疊溪所。顯慶初置悉州，亦曰歸城郡，領左封等縣三。○注：今疊溪	領　衛山　翼水　峨和 悉州領　識臼　左封　熙城

所西有左封廢縣。天寶五年更置昭德郡，亦曰眞州，領眞符。○注：今疊溪西南有廢縣。等縣三。

當州　古西羌地。後周置覃州，唐貞觀二十一年曰當州。亦曰江源郡，領通軌等縣三。○注：今疊溪所西北有故當州城。儀鳳二年置南和州，天授二年曰靜州。亦曰靜川郡。領悉唐等縣二。○注：今疊溪所西有故靜州城。開元十二年置恭州。亦曰恭化郡。領和集等縣三。○注：今威州西北有廢恭州城。永徽末，又置柘州。亦曰逢山郡。領柘縣等縣二。○注：廢柘州在今松潘衛西南。開元二十八年置奉州，亦曰雲山郡。天寶八載又曰天保郡。亦曰保州。領定廉等縣。○注：廢定廉縣在今威州西北。天寶初又置靜戎郡，亦曰霸州。○注：廢州在今松潘衛西南。領信安縣一。

眞州領　眞符　昭德　昭遠　雞川

領　通軌　利和　谷和　平康

靜州領　悉唐　靜居　清道

恭州領　和集　博恭　烈山

柘州領　柘　喬珠

劉昫曰[1]：自龍州以下，貞觀初屬隴右道。永徽以後，據梁州之境，割屬劍南。

嶺南道　東南際海，西極羣蠻，北據五嶺，統州六十八。

廣州　漢南海郡。三國吴爲廣州治，後因之。隋曰番州，唐復爲廣州。亦曰南海郡。領南海等縣十。○注：今廣州府。

劉昫曰：廣管經略治此。管廣、韶、循、潮、恩、春、賀、端、康、藤、封、瀧、高、義、新、勤、竇等州。

《元和》：『嶺南節度使理所。』

領　南海　番禺　化蒙○注：漢四會縣地。　懷集○注：四會縣地。　增城　洊水○注：漢封陽縣東莞。　新會　義寧　清遠　四會　湞陽[2]　浛洭

韶州　漢桂陽郡地。武德四年置番州。貞觀初曰韶州。亦曰始興郡。領曲江等縣四。○注：今韶州府。

領　曲江　始興　樂昌　翁源　湞昌　仁化

①劉昫（xù）（887—946）：後晉涿州歸義（今河北容城）人，史學家，《舊唐書》修撰者。　②湞：音zhēn。

	循州　漢南海郡地。隋曰循州，唐因之。亦曰海豐郡。領歸善等縣五。○注：今惠州府。	領　歸善　博羅　興寧　海豐　河源　雷鄉
	潮州　漢南海郡地。隋曰潮州，唐因之。亦曰潮陽郡。領海陽等縣三。○注：今潮州府。	領　海陽　潮陽　程鄉
	連州　漢屬桂陽郡。唐武德四年置連州①。亦曰連山郡。領桂陽等縣二。○注：今屬廣州府。	領　桂陽　陽山　連山 《元和》：『隸江南道。』
	端州　漢蒼梧郡地。隋置端州，唐因之。亦曰高要郡。領高要等縣二。○注：今肇慶府。	領　高要　平興 宋省平興入高要。
	康州　漢蒼梧郡地。唐武德四年置康州。亦曰晉康郡。領端溪等縣四。○注：今肇慶府德慶州。	領　端溪　悅城　都城　晉康 宋省悅城三縣入端溪。 明省端溪入德慶州。

①武德：本作『武』，補『德』字。

岡州　漢南海郡地。隋曰岡川，唐因之。亦曰義寧郡。領新會等縣二。○注：今廣州府屬縣。	領　新會　義寧 《元和》：『屬廣州。』
恩州　漢合浦郡地。唐貞觀二十三年置恩州。亦曰恩平郡。領陽江等縣二。○注：今肇慶府屬縣。	領　恩平　杜陵　陽江 宋省杜陵入陽江。
春州　漢合浦郡地。唐武德四年置春州。亦曰南陵郡。領陽春等縣二。○注：今肇慶府屬縣。	領　陽春　羅水。○注：宋省。
勤州　漢合浦郡地。唐武德四年置勤州。亦曰銅陵郡。領富林○注：在陽春縣北等縣三。○注：明省。	領　銅陵　富。○注：宋俱省入陽春
新州　漢合浦郡地。梁置新州，隋唐因之。亦曰新興郡。領新興○注：今肇慶府屬縣。等縣二。	宋廢。 領　新興　索盧○注：唐廢。　永順○注：

封州　漢蒼梧郡地。隋曰封州，唐因之。亦曰臨封郡。領封川。○注：今肇慶府屬。

領　封川　開建

潘州　漢合浦郡地。唐武德四年置南宕州，六年曰潘州。領茂名等縣三。○注：今高州府治。

領　茂名　潘水　南巴

唐貞觀徙治茂名。宋省入高州。

高州　漢蒼梧郡地。梁置高州，隋唐因之。亦曰高良郡。領良德等縣三。○注：今電白縣西北有故城。

領　良德　電白　保定

辨州　漢合浦郡地。唐武德四年南石州，貞觀九年改曰辨州。亦曰陵水郡。領石龍等縣四。○注：今爲化州。大歷八年，又置順州，領龍化○注：今陸川縣東南有廢縣。等縣四。

領　石龍　陵羅

順州領　龍化　溫水　龍豪　南河

宋廢州，俱并入陸川縣。

羅州　漢合浦郡地。梁置羅州，陳及隋唐俱因之。亦曰昭義郡。領石城，○注：今高州府屬縣。等縣五。

領　廉江○注：即石城。　吳川　幹水

雲緣

宋太平興國中廢。

賓州　漢蒼梧郡地。唐武德五年置南扶州。貞觀八年曰賓州。亦曰懷德郡。領信義。○注：即今信宜等縣四。

領　信義　特亮　譚峨　懷德
宋以特亮三縣省入信義，改爲信宜縣。廢州入高州。

瀧州①　漢蒼梧郡地。梁置瀧州，隋唐因之。亦曰開陽郡。領瀧水等縣五。○注：今爲羅定州。

領　瀧水　鎮南　開陽　建水

雷州　漢合浦郡地。梁曰合州，隋因之。唐初曰南合州。貞觀初曰東合州。八年改爲雷州。亦曰海康郡。領海康等縣三。○注：今雷州府。

領　海康　遂溪　徐聞

廉州　漢合浦郡。宋爲越州治，齊、梁因之。隋曰祿州，又爲合州。唐武德五年復曰越州。貞觀八年曰姜州。十二年曰廉州。亦曰合浦郡。領合浦等縣五。○注：今廉州府。

領　合浦　封山　蔡龍　大廉　東羅
唐省東羅。宋省封山、蔡龍、大廉三縣，俱入合浦。

①瀧（shuāng）州：因瀧水得名。瀧水今廣東省西江支流羅定江。

欽州　漢合浦郡地。隋曰欽州，唐因之。亦曰寧越郡。領欽江○注：今欽州北有故縣。等縣五。○注：后废。

領　欽江　安京　遵化　內亭　靈山
宋開寶中省遵化、欽江、內亭三縣，入靈山。

陸州　漢交趾郡地。梁曰黃州。隋曰玉州，唐初因之。貞觀二年廢。上元二年改曰陸州。亦曰玉山郡。領烏雷○注：今欽州西南廢縣。等縣三。

領　烏雷　寧海　華清

瓊州　漢珠崖郡地。貞觀五年置瓊州。亦曰瓊山郡。領瓊山等縣五。○注：今瓊州府。開元初又置萬安州。亦曰萬安郡。至德二載改曰萬全郡，領萬安等縣四。○注：今萬州。

領　瓊山　臨高　曾江　樂會　顏羅

振州　漢珠崖郡地。唐武德五年置振州。亦曰延德郡。領寧遠○注：今崖州治。等縣五。

領　寧遠　延壽　吉陽　臨川　落屯

崖州　漢曰珠崖郡。梁置崖州，隋唐因之。亦曰珠崖郡。領含城，○注：瓊州府東北有廢縣。等縣四。

儋州　漢曰儋耳郡。唐武德五年置儋州。亦曰昌化郡。領義倫等縣五。○注：今屬瓊州府。

桂州　漢零陵、蒼梧二郡地。梁置桂州，隋唐因之。亦曰始安郡。至德二載曰建陵郡。領臨桂等縣十。○注：即今桂林府。乾封初又置嚴州，曰修德郡。領來賓○注：柳州府屬縣。等縣三。開元中置淳州，永貞初改巒州曰永定郡。領永定等縣三。○注：今南寧府永淳縣是。

劉昫曰：桂管經略治桂州，管桂、昭、蒙、富、梧、潯、龔、鬱林、平琴、賓、澄、繡、象、柳、融等州。

領　舍城　澄邁　文昌
舍城宋省入瓊山。

領　昌化　義倫　感恩
洛場○注：宋省入義倫①
富羅○注：本儋耳地，南漢廢。

領　臨桂　全義　靈川　陽朔　永福
建陵　理定　慕化　永豐　荔蒲

嚴州領　循德　來賓

巒州領　永定　武羅　靈竹

①洛場：亦稱『洛陽』。

	昭州　漢蒼梧郡地。唐武德四年置樂州。貞觀八年置昭州。亦曰平樂郡。領平樂等縣三。○注：今平樂府。	領　平樂　恭城　永平
	富州　漢蒼梧郡地。貞觀八年曰富州。亦曰富江郡，領龍平等縣○注：龍平即今昭平縣五。	領　龍平　開江　思勤
	蒙州　漢蒼梧郡地。唐武四年置南蒙州。貞觀八年曰蒙州。亦曰蒙山郡。領立山等縣三。○注：今永安州。	領　立山　正義　東區
	梧州　漢蒼梧郡。後漢爲交州治。隋曰封州，唐曰梧州。亦曰蒼梧郡。領蒼梧等縣三。○注：今梧州府。	領　蒼梧　戎城　孟陵
	藤州　漢蒼梧郡。隋曰藤州，唐因之，亦曰感義郡。領鐔津等縣三。○注：今滕縣是其治。	領　潭津　寧風　感義　善昌 明初改州爲縣，省鐔津入焉。

	義州　漢蒼梧郡地。唐武德四年置義州。亦曰連城郡。領岑溪等縣三。○注：今岑溪縣是其治。	領　岑溪　連城　永業 宋改南儀，以連城、永業省入岑溪。後州亦廢。
	鬱林州　漢曰鬱林郡。隋曰鬱林州，唐因之。亦曰鬱林郡。領石南○注：今興業東北廢。石南縣是。等縣五。	領　石南　興業　鬱平　興德 宋以鬱平、興德省入興業。
	平琴州　漢鬱林郡地。唐置平琴州。亦曰平琴郡。領容山○注：今鬱林州北有廢縣。等縣四。	容山等縣唐建中初俱，省入黨州。 領　容山　福陽　古符　懷義
	容州　漢合浦郡。唐武德四年置銅州。貞觀八年曰容州，亦曰普寧郡。領北流○注：今鬱林州屬縣。等縣六。元和中徙治普寧。○注：今容縣。 劉昫曰：容管經略治此，管容、辨、白、牢、欽、巖、禺、湯、瀼、古等州。咸通初并入邕管。五年復舊。	領　北流　普寧　陵城　渭龍　欣道 陸川 宋廢欣道、渭龍、陵城三縣，又廢州爲縣。

白州　漢合浦郡地。唐武德置白州。亦曰南昌郡。領博白等縣五。

山州　漢合浦郡地。唐貞觀中置山州。亦曰龍池郡。領龍池等縣二。○注：龍池博白縣南有廢縣。

牢州　漢曰南郡地。唐貞觀十二年置。曰牢州。亦曰定川郡。領南流等縣三。○注：南流，今鬱林治。

黨州　漢鬱林郡地。唐曰黨州。亦曰寧仁郡。領善勞○注：今鬱林州東北廢縣。等縣四。

禺州　漢合浦郡地。唐武德四年置巖州。總章初曰東峨州。明年曰禺州。亦曰溫水郡。領峨石○注：廣西北流縣東南廢縣。等縣四。

領　博白　建寧　周羅　南昌
宋并爲博白一縣，屬鬱林。

領　南流　定川　宕川
宋廢州，以定川，宕川入南流。

領　善勞　撫安　善文　寧仁
容山　懷義　福陽　古符
宋廢州，省四縣入南流。

領　峨石　扶萊　羅辯
宋并三縣入北流，屬容州。

龔州　漢蒼梧、鬱林二郡地。唐貞觀置龔州。亦曰臨江郡。領平南等縣八。	潯州　漢鬱林郡地。唐貞觀七年置潯州。亦曰潯江郡。領桂平等縣三。○注：今潯州府。	貴州　漢鬱林郡地。唐武德四年置南尹州。貞觀九年曰貴州。亦曰懷澤郡。領鬱平等縣八。○注：今潯州府貴縣即其治。	繡州　漢鬱林郡地。唐武德置繡州。亦曰常林郡。領常林等縣三。○注：今潯州府貴縣東南廢縣。	橫州　漢鬱林、合浦二郡地。隋曰簡州，唐初因之。貞觀年改曰橫州。亦曰寧浦郡。領寧浦等縣三。○注：今屬南寧府。
領　平南　武林　隋建　大同　陽川	領　桂平　皇化　大賓	領　鬱平　懷澤　義山　潮水	領　常林　阿林　羅繡 宋初州廢，俱省入普寧縣。屬容州。	領　寧浦　樂山　淳風　嶺山

邕州　漢鬱林郡地。唐武德四年置南晉州。貞觀六年改邕州，亦曰朗寧州。領宣化等縣五。○注：今南寧府。開元初置田州，亦曰横山郡，領都救等縣五。○注：今仍曰田州。

劉昫曰：邕管經略治邕州，管邕、桂、黨、横、田、嚴、山、巒、羅、辨等州。元和十五年并入容管。長慶二年復舊。

《元和》：『邕管經略使理所。』

領　宣化　武緣　晉興　朗寧　思龍　封陵　如和

賓州　漢鬱林郡地。唐貞觀五年置賓州。亦曰安城郡。至德二載，又爲領方郡①。領領方等縣三。○注：今仍曰賓州。

領　嶺方　瑯琊　保城

澄州　漢鬱林郡地。唐武德四年置方州。貞觀八年曰澄州。亦曰賀水郡。領上林。○注：今賓州屬縣。等縣四。

領　上林　無虞　止大　賀水

①領方：一作『嶺方』。

宋慶曆三年廢軍，以縣隸宜州。

象州　漢鬱林郡地。隋置象州，唐因之。亦曰象郡。領武化等縣六。○注：武化今來賓縣東南廢縣是。

領　武化　陽壽　武仙

柳州　漢鬱林郡地。唐武德四年置昆州。貞觀八年改柳州。亦曰龍城郡。領馬平等縣四。○注：今柳州府。

領　馬平　龍城　洛容　洛封　象

融州　漢鬱林郡。唐武德四年置融州。亦曰融水郡。領融水等縣三。○注：今融縣即其治。

領　融水　武陽

粵州　漢鬱林郡地。唐曰粵州，亦曰龍水郡。領龍水等縣四。○注：今慶遠府。

領　龍水　崖山　東璽　天河

芝州　漢鬱林郡地。唐曰芝州，亦曰忻城郡。領忻縣一。

	籠州　古蠻夷地。貞觀十二年置籠州。亦曰扶南郡。領武勒等縣七。○注：今爲新寧州。	
	環州　本南蠻也。貞觀十二年置環州。亦曰正平郡。領正平等縣八。○注：今思恩縣西北有廢環州。	領　正平　福零　僥勉　思恩　龍源　武石　義良　都蒙
	瀼州　本南蠻地。貞觀十二年置。亦曰臨潭郡。領臨江等縣四。○注：今南寧府南有廢瀼州。	領　臨江　波陵　龍山　宏遠
	巖州　漢合浦郡地。唐曰巖州，亦曰安樂郡。至德二載，又曰常樂郡。領常樂等縣四。○注：巖州因巖岡北而名。	領　常樂　思封　高城　石品
	古州　本南蠻地。貞觀十二年置。亦曰樂古郡。領樂古等縣三。○注：今懷遠縣北有古州蠻及古州、江州，當置于此。	領　樂古　古書　樂興

交州　漢交趾、日南二郡地。後漢爲交州治。晉以後因之。唐亦曰交州。調露初曰安南都護府。至德二載曰鎮南都護府。亦曰安南府。領宋平領縣八。○注：今安南國都。

劉昫曰：安南所管二十一州，蓋自四管而外皆安南所統。已下諸州，今俱後安南境內。

《元和》：爲安南都護府理所。

領　宋平　武平　平道　太平　南定　宋鳶　交趾　龍編

武峨州　漢交趾郡。唐曰武峩州，亦曰武峨郡。領武峨等縣五。

愛州　漢九眞郡地。梁曰愛州，隋唐因之。亦曰九眞郡。領九眞等縣七。總章二年，又置福祿州。亦曰福祿郡。至德二載，爲唐林郡，領柔遠等縣三。

領　九眞　安順　崇平　日南　軍寧

按：《舊唐書》龍朔二年[1]，智州刺史謝法成招生獠昆明[2]、北樓等七千餘落。總章二年，置福祿州以處之。天寶元年，改為唐林州。管縣二，曰唐林、安遠。《新唐書》大足元年，更名安武州，列羈縻州內。管縣三。曰福祿、曰柔遠、曰唐林。與《元和志》名武定州，管扶即、潭淵二縣者異。

①二年：《舊唐書》作二年。　②生獠(liáo)：古代对未入州城定居的僚人的蔑称。

長州　漢九眞郡地。唐曰長州，亦曰文陽郡。領文陽等縣四。

領　文陽　銅蔡　長山　其常

驩州　漢九眞郡地。隋曰驩州。唐武德曰德州。貞觀初曰驩州，又改演州。亦曰日南郡。領德等縣六。

領　九德　越裳　安人　扶演　相景　西源

演州領　忠義　懷驩　龍池

峰州　漢交趾郡。陳曰興州，隋曰峰州①，唐因之。亦曰承化郡。領嘉寧等縣三。

領　嘉寧　承化

湯州　漢交趾郡。唐曰湯州。亦曰湯泉郡。領湯泉等縣三。

①『州』字後原衍一『州』字，删。

共有州二百九十三。

《唐史》：貞觀十三年定簿，凡府州三百五十八。明年平高昌，又增州二。《會要》亦云天下凡三百六十州。自後并省迄，于天寶初，凡三百三十一州存焉。今考《六典》所載，凡三百十有六州。其五十州皆貞觀以後所置。王氏曰：諸州因革，既時代不同，而邊縣諸州又在所略也。

其地東至海，西踰葱嶺，南盡林邑，北被大漠。東西九千五百十一里，南北一萬六千九百十八里。睿宗時置二十四都督府，分統諸州。

景雲二年置都督府二十四人，察刺史以下善惡。揚、益、并、荆四州爲大都督，汴、兖、魏、博、冀、蒲、綿、秦、洪、越十州爲中都督。齊、鄜、涇、襄、安、潭、遂、通、梁、岐十州爲下都督。尋以權重難制，罷之。惟四大都督如故。開元十七年以潞、益、并、荆、梁爲五大都督。又更定上中下都督之制。○注：上都督即五大都督府也。其中都督府凡十五，曰凉、秦、靈、延、兖、兖、梁、安、越、洪、潭、桂、廣、戎、福。①下都督府凡二十，曰夏、原、慶、豐、勝、榮、松、洮、鄯、西、雅、瀘、茂、巂、姚、夔、黔、辰、容、邕。復自京都○注：京兆、河南、太原爲京都。及都督、○注：即五大都督。都護府○注：六都畿。之外，以近畿之州爲四輔。○注：同、華、岐、蒲。餘爲六雄、○注：鄭、陝、汴、絳、懷、魏。十望○注：宋、亳、滑、許、汝、晉、洛、虢、衛、相。十緊○注：秦、延、涇、邠、隴、汾、隰、慈、唐、鄧。後入于緊者益多，不復具列。及上中下之差。○注：諸州皆有上中下。而關内、隴右、河北、河東、劍南、江南②、嶺南沿邊諸州，謂之邊州。○注：又有丰、胜、灵、夏、朔、代曰河曲六州。廣、桂、容、邕、安南曰嶺南五管。

①凉：原作『京』，據《讀史方輿紀要》改。

②江南：原作嶺南，據《读史方與纪要》卷五改。

明皇增飾舊章，分十五道。開元二十一年始分天下爲十五道。置採訪使以檢察非法。如漢刺史之職。

京畿道　治西京。京兆、岐、同、華、邠、商、金等府屬焉。分關內道置。

都畿道　治東都。河南、陝、汝、鄭、懷等州屬焉。分河南道置。

關內道　瀧州至勝州皆屬焉。多以京官遙領。

河南道　治汴州。自許州至密州皆屬焉。

河東道　治河中府。時以河中爲中都。亦曰中畿。

河北道　治魏州。

山南東道　治襄州。自荆州至萬州皆屬焉。以山南道分置。

山南西道　治梁州。自梁州至渠州皆屬焉。

隴右道　治鄯州。

淮南道　治揚州。

江南道　治蘇州。自潤州至漳州皆屬焉。以江南道分置。

江南西道　治洪州。自宣州至邵州皆屬焉。○注：又，《唐記》天寶十五載分江南爲東西道。東道領餘杭，西道領豫章等郡。蓋分置節度使也。

黔中道　治黔州。黔、思、辰、錦、閬、溪、巫、施、費、珍、播、夷、業、南、溱諸州皆屬焉。分江南西道置。

劍南道治益州。

嶺南道治廣州。

凡天下郡府三百二十有八，縣一千五百七十二。○注：《通典》：京都所理曰赤縣，所統曰畿縣，其餘曰望曰緊，及上中下之目，分凡七等。而羈縻府州統于六都護及邊州都督者不在其中。

唐貞觀至開元蠻夷多内屬，即其部落爲羈縻，府州多至八百五十有六。又于沿邊諸道設都護，分統之。曰：

安北都護府　屬關内道。永徽初置燕然都護府。領狼山等羈縻府州，共二十七。龍朔二年，徙燕然都護府于回紇。更名瀚海。盡統領以北州府。總章二年，又改爲安北都護府。開元二年移治中受降城。大曆八年徙治天德軍。

單于都護府　屬關内道。亦永徽初置。領瀚海等覊縻府州十有五。龍朔二年，更名燕然，曰瀚海。而徙瀚海都護府于雲中城，更名曰雲中都護。以磧爲界。磧北州府皆隸瀚海，南隸雲中。麟德初，又改爲單于大都督府。天寶初，安北、單于二都護并屬朔方節度使。大歷八年徙治振武軍。

安西都護府　屬隴右道。貞觀中平高昌，置于交河城。顯慶二年平龜茲，置龜茲都護府。移安西都護府治焉。領焉耆、于闐、疏勒四鎮及西域月氏等府州九十有六。

北庭都護府　屬隴右道。長安二年于庭州置。統鹽治等府州十六。劉昫曰：十六州皆以戎胡部落寄治庭州界内。

安東都護府　屬河北道總章初平高麗，置于平壤。高麗諸府州以及百濟、新羅皆屬焉。儀鳳初高麗餘黨復叛，徒安康都護于遼東故城。開元二年徙平州。天寶二載又移于遼西故郡城。屬平盧節度使。

安南都護府　屬嶺南道。調露初改交州都督府曰安南都護府。境内羈縻諸州及海南諸國皆屬焉。其餘則俱統于都督府。營州都督府屬河北道。武德以後契丹、奚、實韋[1]、靺鞨諸部次第歸附，前後置羈縻府州三十餘，隸營州都督府。

松州都督府　初屬隴右道。永徽後屬劍南道。貞觀中西羌別種黨項等次第内屬，于是河首、積石以東皆爲中國之境。開地三千餘里，置州百，悉屬松州府。

①實韋：一般寫作『室韋』。

戎州都督府　屬劍南道。武德初南中諸蠻次第歸附，置總普府分統諸蠻羈縻諸州。貞觀四年置戎州都督府，督羈縻三十六州。

黔州都督府　屬江南道。武德以後諸蠻來屬，有羈縻五十一州，悉隸黔州都督府。

其地南北皆如前漢之盛。東不及而西過之。

時又于邊境置節度經略使，式遏四夷。

安西節度使　治安西都護府。

○注：開元二年置。撫寧西域，統保大軍一、鷹安都督一①、蘭城守捉八。

①鷹安都督：《新唐書》卷56志第40《兵》作鷹娑都督。

北庭節度使○注：開元二十九年置。治北庭都護府。防置突騎施、堅昆、斬啜，統瀚海等軍三，沙鉢等守捉十。

河西節度使，○注：景雲二年置。治涼州。斷隔羌胡，統赤水等軍十，烏城等守捉十四。甘肅瓜、沙諸州之境屬焉。

隴右節度使○注：開元二年置。治鄯州。備禦羌戎，統鎮西等軍十八，平夷等守捉三。蓋鄯、廓、洮、河、蘭、渭諸州之境悉屬焉。

朔方節度使○注：開元九年置。治靈州。捍禦北狄，統疆略等軍九，受降等城六，新泉守捉一。蓋綏、夏、丰、盐諸州之境俱屬焉。

河東節度使〇注：開元十一年置。治太原府。犄角朔方，以禦北狄。統天兵等軍四。岢嵐州守捉五。蓋太原、忻、代、嵐、朔、蔚、雲諸州境屬焉。

范陽節度使〇注：开元二年復置七年改曰平盧，天寶初又改曰范陽。制临奚、契丹，統横海等軍十六。盡幽、薊、妫、嬀、燕、易諸州之境屬焉。

平盧節度使〇注：天寶初分範陽節度置。治營州。鎮撫室韋、靺鞨。統盧龍軍一，渝關等守捉十一。盖平、營諸州之境皆屬焉。

劍南節度使〇注：開元五年置。治益州。西抗吐蕃，南撫蠻獠。統威戎等軍十，羊灌田等等守捉十五，新安等城三十二，犍爲等鎮三十八。盖自松茂、玉雋、姚諸州之境悉屬焉。

嶺南節度使　亦作五府經略使。○注：五府廣桂容邕安南也。○注：開元中置。治廣州。綏靜夷蠻，統經略軍及靖海軍六。○注：五府各有經略，而靖海軍置于恩州城。

又有經略守捉使三，以防海寇。○注：長樂經略，福州領之。東萊經略，萊州領之。東牟經略，登州嶺之。

『兵志』：唐初之戍邊者，大曰軍，小曰守捉，曰城，曰鎮，而總之者曰道。景雲初，始有節度使之號，四方鎮之患實基于此。《會要》：『凡天下之軍四十，府六百二十四，鎮四百五十，戍五百九十，守捉三十①。兵四十九萬人，馬八萬餘匹。此唐盛時之兵制也。』

呂氏曰：『唐初邊將，文武迭用。不久任，不兼統，不遙領。□人不為大將。自十節度既立，天寶中，初法盡壞，遂有漁陽之禍。』

及安祿山于天寶十四載反，兩京失守，上從鳳翔走成都，祿山僭稱大燕皇帝，既而為其子慶緒所殺。慶緒仍據洛陽，僭僞號。肅宗已即位

《史略》：安禄山本康姓，名阿荦山，營州雜胡也。隨母再適突厥，冒姓安。詣幽州降，爲边將。元宗宠任之。領範陽、平盧、河東三鎮。天寶十四載反，僭爲大燕皇帝。慶緒其長子也。既而嬖妾生子，慶恩，欲以代慶緒。緒懼。

①三十：《唐會要》曰三十五。

于靈武，賴李、郭收復兩京①。史思明以范陽降，高秀巖以大同降，惟相州七郡○注：汲鄴赵魏平源清河博平。为庆緒所據慶緒既衰，史思明復反于範陽。殺慶緒，僭稱大燕皇帝。渡河入汴，既而爲其子朝義所殺。朝義復僭號。其黨不附，各據州郡乞降。朝義爲其將李懷仙所殺。然藩鎮之禍，日以滋矣。

初，賊將李懷仙等既降，皆願受代。懷固、懷恩恐賊平寵衰，復以李懷仙爲盧龍節度使。

○注：初，史朝義以懷仙爲範陽節度使，懷仙因舉幽薊嬀、檀、平、營諸州降。于是改範陽曰幽州，兼曰卢龍。大歷中，軍中再作亂。其後朱滔爲留後，擅有幽、涿、營、平、蘇、嬀、檀、瀛、莫九州地，而德、棣、深諸州亦屬焉。建中三年與田悦、王武俊、李納等叛。興元初悦等归款滔叛逆如故。後爲王武俊所攻，上表待罪。貞元初死，劉怦代之。傳三世。長慶初，劉總以其人地入朝。

其相嚴莊劝緒杀禄山而自立。其後爲史思明縊殺之。禄山父子僭位三年而滅。

史朝義，史思明長子。思明愛少子朝清，常欲殺朝義立朝清。朝議懼，射殺思明，并使人至範陽殺朝清。

①賴：本作『周』据《四备要》本改。

張忠志爲成德節度使。○注：初，史朝義以忠志爲恒陽節度使，治恒州。忠志因舉恒、趙、深、定、昌五州降，賜姓名李寶臣，名其軍曰成德。大歷中擅有恒、易、深、定、趙、來、滄七州。建中二年，寶臣死，子維岳求襲位，不許。遂與田悦、李正己等拒命，既而爲王武俊所殺。興元初，武俊順命，授恒冀深趙節慶使。傳四世，元和十五年王承元入朝。

薛嵩爲相衡節度。○注：初，史朝義以薛嵩爲鄴郡節度使，治相州。嵩因舉相、衡、邢、洺四州來降。復以貝、滋二州授之。名其軍曰昭義。大曆八年弟崿代，十年爲田承嗣所并。

田承嗣爲魏博節度使。○注：初，朝義以田承嗣爲睢陽節度使。朝義敗，承嗣自宋州走莫州，據城來降。旋以魏、博、德、滄、瀛五州授之。大歷十年叛，擅取相、衛諸州。既而滄、瀛二州來降，德州爲淄青所取。承嗣有魏、博、相、衛、洺、貝、澶七州。死，以其姪田悦爲嗣。興元初歸款。承嗣之子緒殺而代之。自承嗣至田興凡五世。《元和》：七年入朝。于是河北三鎮擅地自強，唐室威命，不復能及矣。

自肅宗以來，大盜内訌，夷蛮外擾。郊圻之間，衅孽屡作。及憲宗嗣位，強梗少弭。未幾而河朔之鎮又復叛亂。于是藩鎮参列，遍于内外。朝更暮改，乍合乍離，今略爲差次。

邠寧〇注：治邠州。初關内采訪使無專治。開元二十二年，以朔方節度使兼領。至德初，改關内采訪使爲節度，治慶州，兼領京畿道之京兆、岐、同、金、商五府州。乾元二年，復分置邠、寧、淄、原、鄜、坊、丹、延、慶九州節度使。後又置涇、原、鄜、坊諸節度，而邠寧止領邠、寧、慶三州。中和四年，賜號静難軍。光啟以後爲朱玫、王行瑜其地相繼作亂，其後屬于李茂貞。

涇原〇注：治涇州。乾元三年分邠寧置。領涇、元二州。大順二年，賜號章義軍。天復初屬李茂貞。

渭北○注：治坊北。乾元三年分邠寧置。建中初徙治鄜州。領鄜、坊、丹、延四州。亦曰鄜坊節度使。中和三年，賜號保大軍。天復初屬于李茂貞。

鳳翔○注：治鳳翔府。先是至德二載以郿縣東南有興平軍，置興平節度。領岐、隴、金、商四州。永泰初，改置鳳翔節度。光啓三年，節度使李昌符作亂，李茂貞因代有其地。

振武○注：治單于都護府。初振武軍屬朔方節度，大歷末，又分朔方，置振武節度，兼領綏、銀、麟、勝及東、中二受降城，振武、鎮北等州軍。中和後，屬于河東。

朔方○注：初領單於都護及夏、鹽、綏、銀、豐、勝六州，定遠、豐安二郡，三受降城。開元二十二年，兼領關内道諸州。其後分合不常。大歷末始分靈、鹽、夏、豐及西受降城、定遠、天德軍爲朔方管内。大中以後，亦曰靈武節度。大順初，止領靈、鹽二州，豐州以東皆爲河東所有。天祐末，靈州牙將韓遜據朔方，附于朱全忠。

定難○注：治夏州。貞元三年，分振武、朔方置夏州節度。領夏、綏、寧三州。廣明二年，拓拔思恭有其地，賜號定難軍。

匡國○注：治同州。上元爲同、華二州。興元改號奉城。領晉、慈、隰三州。尋復合于河中。乾寧復置匡國節度，天祐三年，兼領寧州。

鎮國○注：治華州。上元初置，建中二年復置。其後廢置不一。中和四年，韓建有其地。天復初，并于朱全忠。天祐三年廢，軍隸匡國。此列於關内者也。

宣武○注：治汴州。先是天寶十四載置河南道節度，領汴、宋、滑、陳、潁、亳、曹、濮、淄、徐、海、泗、沂十三州。乾元二年，改汴滑節度，治滑州，兼領濮、汴、曹、宋四州。寶應初復置河南節度使，治汴。大歷初，曰汴宋節度，領汴、宋、曹、濮、淄、徐、兖、鄆、泗八州。建中二年，分永平之宋、亳、潁別為節度，治宋州，號宣武軍。四年汴州陷于李希烈。興元二年，宣武節度劉洽討希烈，取汴州，因徙宣武治汴。有汴、宋、陳、潁、曹、濮凡六州。中和四年，為朱全忠所有。

永平○注：治滑州。上元二年治滑、衛、相、貝魏博節度。既而以相衛諸昭義，州屬因改置滑濮節度。初領汴、濮、曹、朱、陳、潁、亳七州，後數有改易。大歷七年，賜號永平軍。十二年，宋、泗二州隸焉。十三年汴、潁二州亦隸焉。遂移治汴州。領汴、宋、滑、亳、陳、潁、泗七州。建中二年，分置宣武軍。貞元初改號義成軍。光啟二年，并于朱全忠。大順初改曰宣義軍，以避全忠父諱也。

平盧○注：即淄青。至德二載置北海節度，領青、密、登、萊四州。乾元二年，改領淄、沂、海、并青、密四州爲七州。既而侯希逸自平盧南保青州，明年改授青、淄、徐、沂、密海六州節度。大歷十二年，李正己復兼有兖鄆諸州。于是淄、青、兖、鄆遂俱有平盧之名。《元和》：十四年討之，淄青等十二州平。復又[1]置平盧節度使，領青、淄、齊、登、萊，凡五州。中和二年，王敬武有其地。龍紀初，子師範嗣。景福二年，齊州爲天平所取。天祐二年，并于朱全忠。

①又：原书为『朽』。

泰寧○注：治兖州。先是乾元二年置兖鄆齊三州節度。大歷中爲李正己所并。淄青平柯置兖、海、沂、密四州觀察使。乾府三年，賜號曰泰寧軍。光啟二年，朱瑾有其地。乾寧末，并于朱全忠。

天平○注：治鄆州。《元和》：『十四年分淄青置鄆、曹、濮三州節度使。明年賜號天平軍。中和二年，朱瑄有其地。尋并于朱全忠。』

忠武○注：治陳州。先是乾元二年置陳潁、鄭、臺四州節度。旋又改領陳、潁、亳、申。寶應中又曰陳、鄭、澤、潞。貞元二年，改置陳許節度。二十年賜號曰忠武。《元和》：『十三年平蔡，移治許，兼領陳、潡、蔡三州。中和四年，叛將鹿宴宏竊據其地。光啟二年，爲秦宗權所并。龍紀初忠武軍還治陳州，兼領許州。尋并于朱全忠。』

武寧○注：治徐州。建中初淄青將李洧以徐州歸國。明年置徐沂觀察使。尋兼領海州。時沂、密、海三州猶屬淄青。貞元四年改置徐、泗、濠三州節度。十一年賜號曰武寧。中和初，時溥據有其地。景福初并于朱全忠。

彰義○注：卽淮西。至德初置淮西節度，領豫、鄭、許、光、申五州。乾元初改領蔡、許、汝三州。大歷中賜軍號曰淮寧。貞元二年，領申、光、隨、蔡四州。明年，隨州又改屬山南東道，止領申、光、蔡三州。十四年又改號曰彰義。元和十二年，吳元濟平，仍曰淮西。明年以蔡州屬陳許，申州屬鄂岳，光州屬淮南。廣明初忠武牙將秦宗權據蔡州。中和初置奉國防禦使，授之。尋又升爲蔡州節度。三年黄巢東走攻蔡，宗權降巢，引兵四掠。北至衛滑，西及關輔，東盡青徐，南越江淮，悉被殘毁。光啟初稱帝，復陷東都。二年，并許州。明年圍汴，敗還蔡。于是東都、河陽、許、汝、鄭、陝、虢諸州皆棄不守，尋復陷鄭州及許州。文德初并于朱全忠。

陝虢○注：治陝州。至德二載置陝虢华三州節度。上元二年曰陝西節度尋改爲觀察使。後或曰節度，或曰觀察。中和三年，王重榮有其地。光啟三年子珙代之。龍紀初賜軍號曰保義。光化初軍亂，爲朱全忠所并。此列于河南道者也。

河陽○注：治河陽城。先是建中二年置懷、鄭、汝、陝四州及河陽三城節度。未幾割鄭州隸永平軍，以河陽三城、懷州爲河陽軍。會昌三年，置孟州于河陽城，而節度使移治懷州。四年澤、潞平，又割澤州隸焉，還治孟州。既而仍領懷、孟二州。文德初屬于朱全忠。

河中○注：治蒲州。至德二載置，領蒲絳、慈、隰、晉、同、虢七州。廣德二年，郭子儀鎮河中。興元初李懷光以河中六州叛。既而同州内附。河東帥馬燧復取晉、慈、隰三州。因析置三州節度使。貞元初，懷光平其河中、同、絳，遂別爲一節度。元和初仍合爲河中絳慈隰節度。廣明初王重榮有其地。光啟初，賜軍號曰護國軍。再傳王珂。天復初爲朱全忠所并。

昭義○注：治潞州。至德初，置上黨節度使，領澤、潞、沁三州。寶應初曰澤潞節度。上元二年薛嵩來降，因置昭義節度于相州，領邢、洺、貝、慈、衛等州。大歷十年，田承嗣盜據相衛等州。于是澤、潞兼領磁、邢二州，始兼有昭義之名。長慶初，劉悟爲節度使，傳三世。會昌三年，劉稹叛，四年討平之。咸通以後昭義軍屢作亂。中和二年鎮將孟方立自稱留後，遷邢州而表其將李殷銳爲潞州刺史。三年潞爲李克用所取。尋又并有澤州。自是昭義遂分爲二鎮。大順初，克用又并有邢、洺、磁三州，仍分立邢洺節度使。光化初，邢、洺、磁三州爲朱全忠所取，亦曰保義軍。

河東○注：治太原府。初領太原府及石、嵐、汾、沁、代、忻、朔、蔚、雲十州。大中十三年，分置大同節度。中和二年，又分置鴈門節度。四年李克用請以振武軍之麟州，及大同軍所領諸州悉隸河東。光啟三年，鴈門軍亦并入焉。大同節度治雲州。先是會昌置大同軍團練使于雲州，仍屬河東節度。大中十三年分置大同節度使，領雲、翔、蔚三州。咸通十年，以授朱邪赤心。尋又爲防禦使。中和十四年，李克用請罷防禦使，以三州并入河東。時赫連鐸據有其地。大順三年，克用始并有之。○注：代北節度治代州，領代、忻二州。亦曰鴈門節度。光啟三年，并入河東。此列於河東道者也。

魏博○注：初代宗以天雄軍號田承嗣。建中二年田悅叛，因削天雄之號，止稱魏博。太和三年，析相、衛、澶三州別爲一鎮。既而復合。天祐初，復賜號曰天雄。

成德○注：元和四年，王士眞死，其子承宗請獻德、隸二州。詔以二州爲保昌節度。承宗復據之。十三年，復以二州歸朝。長慶初，王庭湊作亂，分置深冀節度。未幾復并入成德。天祐三年，改曰武順，亦爲朱全忠父諱也。五代梁開平四年，欲并其地。王鎔因請兵于晉，復改武順曰成德。

幽州○注：開元初范陽節度止領幽、易、平、檀、嬀、燕六州。二十年以幽州節度兼領河北采訪處置使，增領衛、相、洺、貝、冀、魏、深、趙、恒、定、邢、德、博、棣、營、鄚十六州及安東都護府。天寶初析置平盧一鎮。又改領幽、薊、嬀、檀、易、恒、定、滄、莫九州。安史亂後，幽州改易不一。

義武○注：治定州。建中二年，李惟岳以成德叛，張孝忠以易州來歸，尋授易定滄節度使。三年名其軍曰義武。既而滄州分置節度，義武止領易、定二州。傳二世。元和四年，張茂昭入朝。其後乾符六年，王處存有其地。景福中，兼領祁州三。傳至王處直。五代梁龍德初，假子王都作亂，并於河東。

横海○注：治滄州。貞元三年置，以授程日華。傳四世。元和十三年，程權入朝。是年兼領德、棣二州。時成德節度王承宗以二州來歸也。長慶又分置德棣二州節度。既而復合，以授李全略。全略卒，子同捷擅有其地。太和初，以齊州來隸。時同捷猶拒命不受。代、昭諸道進討。二年柯棣州隸淄青。既而同捷平，復為齊德滄景節度。五年賜號義昌軍。乾寧五年，爲幽州所并。此列于河北道者也。

山南東○注：治襄州。領襄、鄧、隋、唐、安、均、房、金、商九州。大歷中，又改領襄、郢、均、房、復、郢六州。建中二年，梁崇義以六州拒命。淮西帥李希烈平之。貞元三年，仍領襄、郢、復、鄧、安、隋、唐七州。元和十年分置隋唐鄧節度，治鄧州，與襄、復、郢、均、房爲兩節度。時方討淮西也。淮蔡平，復故。中和四年爲爲秦宗權將趙德禋所據。文德初來歸，賜號忠義軍。傳二世，至趙國凝。天祐二年爲朱全忠所并。明年復曰山南東道。昭信節度治金州，天祐二年爲蜀所取，移治均州，兼領房州，賜號戎昭軍。三年并入忠義軍。

山南西〇注：治梁州。上元二年置，領梁、洋、集、壁、文、通、巴、興、鳳、利、開、渠、蓬十三州。興元初，兼領閬、果、金三州，而文州別隸西川。其後分合不一。大順二年楊守亮拒命，尋爲李茂貞所并。天復二年又并于王建。感義節度治鳳州。乾寧四年更名昭武軍，改治利州。天復二年爲王建所取。武定節度治洋州。光啟三年置。領洋、果、階、扶四州。景福二年兼領閬、利二州。天復中屬于王建。

荆南〇注：治荊州。至德二載置，領十州。尋分領荆、澧、朗、郢、復五州。上元二年兼領江南之潭、岳、郴、邵、永、道、連及黔中之涪州。凡十三州，尋還五州。後又改領歸、夔、峽、忠、萬、澧、朗八州。乾符以後，寇亂相繼，文德初成汭據荆南，復兼有黔中地。天復三年，山南東道趙國凝取荊南。天祐二年并于朱全忠。〇武貞節度治澧州。乾寧五年置。領澧、朗、漵三州。光化三年，改曰開平。雷滿據其地，傳二世。子彥恭，梁開平二年爲楚所并。此列于山南道者也。

隴右○注：統鄯善、河、渭、蘭、臨、武、洮、岷、廓、疊、宕十二州。廣德初，爲吐蕃所陷。自是以鳳翔節度兼領。貞元四年，又分置隴右節度，寄治良元。十年以秦州刺史兼隴右經略使，治普潤。元和初，賜名保義軍。既而吐番將尚延以河、渭二州來降。咸通四年，置天雄節度於秦州，兼領成、河、渭三州。景福二年，屬于李茂貞。五代梁貞明初，蜀取秦、成二州，亦置天雄軍治焉。

河西○注：統凉、甘、肅、伊、西、瓜、沙七州。廣德初，吐番陷凉州。大歷初，河西軍鎮移治沙州。貞元中，又爲吐蕃所陷。大中五年，吐蕃衰亂，沙州人張義朝結衆逐其州將，奉表來降，授沙州防禦使。既而義朝略定其旁瓜、伊、西、甘、肅、蘭、鄯、河、岷、廓十州歸唐，於是盡復河湟地。改置歸義節度以授之。咸通四年義潮又復凉州云。

北庭○注：至德以後，吐蕃侵掠，河隴、安西、北庭皆爲唐守貞元六年始陷于吐蕃。咸通七年，張義潮奏北庭回鶻僕固俊收西州及北庭諸城鎮。

安西○注：貞元三年陷于吐蕃。此列于隴右道者也。

淮南○注：治揚州。至德初置。上元初，領揚楚、滁、和、壽、廬、舒、蘄、黄、安、沔、十一州。領揚、楚滁、和、舒、廬、壽濠等八州。亦曰淮南東道。元和十二年平淮西，以光州來屬。咸通十一年，又以泗州來屬。尋以泗州還感化軍。光啟以後，屬于楊行密。

奉義○注：治安州。貞元十四年置安黄節度使。十九年賜號奉義軍。元和初省入鄂岳觀察使。此列于淮南道者也。

鎮海○注：初治潤州，後治杭州。先是至德初置江南，領潤、宣諸州。乾元二年，又改置浙江西節度，治昇州，領昇、潤、宣、歙、饒、江、蘇、當、湖、杭十州。上元初，又改曰江南東節度，領昇、潤、常、蘇、湖、杭、睦七州。大歷十四年，改置浙東西觀察使，治潤州。建中二年，復爲節度使，賜軍號曰鎮海。貞元三年，始分浙江東西道爲三。浙西治潤州，浙東治越州，宣歙池置宣州。而浙西亦曰鎮海。

貞元二十一年復曰鎮海節度，統潤、蘇、常、湖、杭六州。《元和》：三年，李錡鎮海六州叛，旋爲其將張子良所殺。光化初，錢鏐爲鎮海節度，因遷鎮海于杭州。其後淮南仍置鎮海軍于潤州。

江西○注：治洪州。上元初置江西節度使，領洪、虔、江、吉、袁、信、撫七州。後改爲觀察使。咸通六年，又改曰鎮南節度，尋爲觀察使。中和二年，復爲鎮南節度。尋改爲觀察使。時鍾傳據其地，傳二世，子延時，五代梁開平末并于淮南。

義勝○注：治越州。乾元二年置浙江東節度，領越、睦、衢、婺、台、明、處、溫八州。大歷十四年，并入浙東西觀察使。中和三年，改曰義勝節度。劉漢宏據其地。光啟三年，爲董昌所并，改曰威勝節度。領越、台、明、溫、處、衢、婺七州三年，錢鏐平董昌，并其地，改曰鎮東軍。

寧國○注：治宣州。上元初置宣歙饒節度。大歷、貞元俱改爲宣歙觀察使。大順初，升爲寧國節度，以授楊行密。

威武○注：治福州。《元和》：中置福建觀察使，領福、泉、汀、建、漳五州。乾寧三年，升爲威武軍節度。景福初爲王潮所據。

武昌○注：治鄂州。《元和》：初置鄂岳觀察使十二年，平淮西，以兩州來屬。寶歷初升爲武昌節度。光啟中，杜洪據其地。天祐初爲淮南所并。

欽化○注：治潭州。上元中置湖南觀察使，領潭、衡、永、邵、道、郴、連七州。中和三年，升爲欽化軍節度。光啟三年，更號武安。乾寧以後爲馬殷所據。

黔中○注：治黔州，先是開元二十六年於黔中置五溪經略使，天寶十五載升爲節度使，領黔中諸州。大歷四年改爲辰、溪、巫、錦、業五州團練使。尋復黔中觀察使。《元和》：三年兼領涪州，尋復升爲節度。光啟三年改曰武泰節度。乾寧三年，荆南、成汭有其地。天復爲王建及馬殷所并。此列于江南道者也。

劍南東○注：東治梓州。至德初分置劍東川節度。領梓、遂、綿、劍、龍、閬、普、陵、瀘、榮、渝、合十二州。廣德二年，復合爲一。大歷二年，置東川觀察使于遂州。領遂、梓、劍、龍、綿、閬六州。明年升爲節度。尋復合爲一。永貞初，復分爲二。又割資、簡、陵、昌、榮、瀘六州隸東川，既而資、簡二州還屬西川。領梓、遂、綿、劍、普、榮、合、渝、瀘九州。中和四年，楊師立以東川叛，高仁厚討平之。光啟二年，顧彦朝有其地，傳其地彦暉。乾寧四年，并于王建。五代梁乾化二年，王建改爲武德軍。武信節度治遂州。光化二年置，領遂、合、瀘、渝、昌五州，從王建之請也。

劍南西○注：治成都。至德初分爲西川節度，領益、彰、蜀、漢、眉、嘉、邛、簡、資、茂、黎、雅以西諸州。分合不一。《元和》：『初劉闢以西川叛，高崇文討平之。』大順二年，王建有其地。永平節度治邛州。先是咸通九年置定邊節度，領邛、眉、蜀、雅、嘉、黎雋七州。十一年，省入西川。文德初，復置永平節度。領邛、蜀、黎、雅四州，以授王建。大順中建取西川，遂省入焉。威戎節度治彭州。文德初田令孜假置，兼領文、龍、武、茂四州。乾寧初，并于王建。**此列于劍南道者也。**

嶺南○注：治廣州。天寶十五載以嶺南節度分領廣、韶、循、潮以西至振、瓊、儋、萬共二十二州。其後復悉領五管。咸通二年，分爲嶺南東道。乾寧二年賜號清海軍。天復初，劉隱有其地。

嶺南西○注：治邕州。本邕管經略使。咸通初廢容管經略使入焉。二年改置嶺南西道節度使。四年又割桂管、龔黎二州隸焉。五年，又以容管爲經略使，而藤、巖二州列于嶺南西道。又龔、黎二州亦還隸于桂管。天德末亦曰建武軍，葉廣略有其地。五代梁貞明初，爲劉巖所并。寧遠節度治容州。乾寧四年以寧管諸州置。李克用將蓋寓遙領其後。都將董彥弼、朱全忠將朱友寧皆遙領焉。唐末龐巨昭有其地。五代梁開平四年降于馬殷，尋爲劉巖所并。靜江節度治桂州。光化三年以桂管諸州置。劉士政有其地。五年爲馬殷所并。

靜海○注：治交州。本安南經略使。乾元初改爲安南節度，領管內二十一州。尋復爲經略使。咸通初，安南爲南詔所陷。七年收復①，

①年：原无，补。

尹源《唐說》曰：世言唐所以亡，由諸侯之疆，此未極於理。夫弱唐者，諸侯也。唐既弱矣，而久不亡者，諸侯維之也。燕、趙、魏首亂唐制，專地而治，若古之建國，此諸侯之雄者，然皆恃唐為輕重。何則？假王命以相制，則易而順，唐雖病之，亦不得而外焉。故河北順而聽命，則天下為亂者不能遂其亂；河北不順而變，則姦雄或附而起。德宗世，朱泚、李希烈始遂其僭而終敗亡，田悅叛於前，武俊順于後也。憲宗討蜀、平夏，誅蔡、夷鄆，兵連四方而亂不生，卒成中興之功者，田氏稟命、王承宗歸國也。武宗將討劉稹之叛，先正三鎮，絕其連衡之計，而王誅以成。如是二百年，奸臣逆子專國命者有之，夷將相者有之，而不敢窺神器，非力不足，畏諸侯之勢也。及廣明之後，關東無復唐有，方鎮相侵伐者，猶以王室為名。及梁祖舉河南，劉仁恭輕戰而敗，羅氏內附，王鎔請盟，於時河北之事去矣。梁人一舉而代唐有國，諸侯莫能與之爭，其勢然也。向使以僖、昭之弱，乘巢、蔡之亂，而田承嗣守魏，王武俊、朱滔據燕、趙，

改爲靜海節度。其後曲裕有其地。傳三世，至曲承美，後唐長興初劉龑滅之。此列于嶺南道者也。

王氏曰：至德迄元和，天下觀察者十，節度者二十有九，防禦者四，經略者三。○注：唐貞元十四年，賈躭十道録。凡三十節度，十一觀察與防禦經略、以守捉稱使者凡五十。元和六年，李吉甫上郡縣圖，自京兆至隴右道，凡四十七鎮。此據彥威之說。其後紛紜變更，無復無復常制①。又有行營。○注：如李嗣業爲四鎮北庭行營節度軍懷州，僕固懷恩爲朔方節度軍汾州之類。有兼領。○注：如李抱王兼澤潞山南西道節度使，郭子儀兼朔方河中節度使之類。于是名號移于軍戎，州郡不符條列，東西錯雜，涇渭莫分。貞觀、開元之初，意存者無幾矣。宣宗嗣位，僅復河湟。

①無復常制：原作『無復無復常制』。

疆相均，地相屬，其勢宜宜敢先動，況非義舉乎？如此雖梁祖之暴，不過取霸於一方爾，安能疆禪天下？故唐之弱者，以河北之疆也；唐之亡者，以河北之弱也。或曰：諸侯疆則分天子之勢，子何議之過乎？曰：秦、隋之勢無分於諸侯，而亡速於唐，何如哉？

大中三年，吐蕃衰亂。秦、原、安樂三州來歸。○注：安樂州治鳴沙縣，咸亨三年置，羈安樂州樂州。遷吐谷渾于此。大歷以後，沒于吐蕃。至是來歸，改置威州。五年沙州人張義潮亦以河西諸州來歸，于是盡復河湟地。及黃肆凶羣奮臂，而唐室益微。自是四方擅命。

南有吳

合肥楊行密○注：卽行愍。天復二年封吳王，傳四世至溥稱帝，國號吳。晉天福二年爲徐知誥所簒。其地西至沔口，南距震澤，東濱海，北據[1]。有州二十七。○注：揚、楚、海、泗、滁、和、光、黃、舒、盧、壽、濠、池、潤、常、昇、宣、歙、餘、信、江、鄂、洪、撫、袁、吉、虔諸州。

吳越臨安錢鏐天復二年封越王。天祐初改封吳王。四年，朱全忠簒位，改封吳越王。浙東之地皆屬焉。其境東南至海，北距震澤。

楊行密中和三年爲廬州刺史，光啟三年淮南軍亂，入據廣陵，稱淮南留後。龍紀初入宣州，詔授宣歙觀察。大順初，詔授寧國節度使。明年詔爲淮南節度使。景福二年，盡收淮南地。天復二年，進爵吳王，兼有昇州。天祐二年，又取鄂州。行密卒，子渥嗣。三年江州來降，進取饒州及洪州。梁開平三年，渥弑弟隆演立，尋兼有撫、信、袁、吉諸州，盡有江西地。六年隆演卒，弟溥立。後唐天成二年稱帝，後爲徐知誥所簒。

錢鏐光啟三年爲杭州刺史。大順初詔以爲武勝軍防禦使。二年授鎮海節度。乾寧三年，討平董昌，兼領鎮海、威勝兩軍。天復二年封王。後唐長興二年，子元瓘嗣。凡五傳，至俶，以地歸宋。

①此處有漏字。

荆南

硤石〇注：今河南陜州东南。高季興〇注：本名季昌，初爲朱全忠將。天祐二年全忠取荆南，始命賀瓌爲留後。既又命季興代鎮之。梁乾化初，賜爵渤海。後唐同光二年，改封南平王。季昌卒，子從海歸命。

湖南

扶溝馬殷，天祐四年朱全忠篡位，封楚王。後唐天成二年進封楚國王。傳五世至希鄂，國亡。

馬氏盛時，其地南踰嶺，西有黔中，北距長江，東包洞庭。

馬殷初爲秦宗權將，光啟三年從孫儒。儒死，與建鋒收餘衆走洪州。乾寧初，襲取潭州。建鋒自稱武安留後。三年建鋒爲其下所殺，軍中共推殷爲主，攻取邵州。五年詔以爲武安留後。尋悉定湖南地。光化三年，略桂管諸州。天復三年，取岳州。天祐四年，朱全忠篡位，封楚王。梁開平二年，取雷彦恭之朗、澧二州，又敗嶺南兵，取昭、賀、權、蒙、龔、富六州。乾化二年，取辰、漵二州。後唐天成二年，進封楚國王。長興長子希馨嗣。二年弟希範代立。晉天福三年，又取溪、錦、獎三州。八年寧州蠻莫彦殊以所部溫那等十八州來附。漢天福十二年，弟希廣代立。乾祐三年，希萼以朗州兵襲陷潭州，殺希廣自立。周廣順初，國亂，南唐西侵，其地皆降于唐。惟朗、澧二州爲楚將劉所據，嶺南之地沒于南漢。

閩	光州王審知，梁太祖開平三年封閩王。傳三世延均，更名璘，長興四年稱帝，國號閩，都福州。又建州刺史延政。晉天福八年，亦稱帝。攻下福州，國號殷，都建州。尋又稱閩。據全閩地。	王潮，光州人，初爲羣盜。光啟初轉掠入閩，尋陷泉州，詔授泉州刺史。景福二年入福州，取汀、建二州[1]，詔授福建觀察使，遂據有全閩地。乾祐三年，又以福建爲威武軍，授潮節度使。明年卒，弟審知嗣。後唐同光三年，子延翰嗣。天成初，稱閩王。未幾爲其下所殺。弟延鈞代立。長興四年稱帝，更名璘國，號閩，都福州，改曰長樂府。清泰二年，其下殺之，立其子繼鵬更名，曰永晉。天福三年又爲其下所殺。立延均之兄延曦。明年以建州刺史王延政相攻，八年延政亦稱帝，國號殷，都建州。九年曦爲其臣朱文進所殺，國亂。延政因攻之，泉、漳、汀諸州皆降。開運二年，下福州，以爲南都，盡有閩地。未幾李仁达叛，據福州，附于南唐，亦附于吳越。既南唐攻建州，延政降，汀、泉、漳皆歸唐，福州爲吳越所取。自潮至延政，傳六世國亡。

①州：原無，補。

廣

上蔡劉隱，梁開平二年封南平王。其弟劉龑，貞明二年稱帝，國號越，都廣州。明年改稱漢。凡五傳至鋹亡①。盡有嶺南地。又北取郴州及連州。

乾寧初，劉隱爲豐州刺史，三年以功爲清海行軍司馬。天復初，節度徐彥若表隱代鎮軍府。天祐初，朱全忠以隱爲清海節度使。梁開平二年，兼領靜海節度。三年封南平王。乾化卒，弟巖嗣②，更名龑。又取韶州，又取容管及高州，復并邕管諸州，貞明三年稱帝，國號越，都廣州，改爲興王府。明年改稱漢。後唐長興初，取交州。晉天福七年，子玢嗣。八年其弟宏熙殺而代之，改名晟。漢乾祐初，取楚之昭、賀州③。周廣順初馬氏爲南唐所并，因入桂州盡取嶺南地。顯德五年，子鋹嗣。

西有岐

博野李茂貞，〇注：本名宋文通，以功賜姓名。天復初封岐王。後唐同光初，改封秦王。盛時并山南西道，盡有秦、隴、梁、洋諸州。既而朱全忠取其關中州鎮，王建取其山南地。梁乾化初，蜀又取其隴右諸州，則岐所有者岐、隴、涇、原、渭、武、乾七州而已。

李茂貞光啟中爲扈蹕都將，從幸。興元三年，領武定節度，平叛帥李昌符，因授鳳翔節度。景福并有山南西道，於是盡有秦、隴、梁、洋諸州地。乾寧初，取閬州。天復初，封岐王。既而其黨共劫車駕。于是朱全忠取其關中州鎮，王建取其山南地。天祐三年全忠篡位，復取延、鄜諸州。既而諸州皆附梁。〇注：翟、鄜、延、坊、丹、鹽、同、寧、衍、慶、邠、鼎、耀州也。梁乾化初，蜀又取其隴右諸州。自是岐所有者岐隴七州而已。後唐同光，改封秦王，卒。子繼曮嗣④。授鳳翔節度使。自是同于羣藩矣。

①鋹：音chǎng。 ②即劉龑（889年—942年），又名劉⿰纟亡，初名劉岩、劉陟。 ③昭：昭州，治今廣西壯族自治區平樂縣古城。 ④曮：音yǎn。

前蜀

許州王建，天復三年封蜀王，梁開平初稱帝，國號蜀。貞明二年改國號漢。四年復稱蜀。傳子衍。同光三年滅。

其地西界吐蕃，南隣南詔，東據峽江，北距隴坻。有州六十四。○注：自兩川諸州而外，兼得山南西道金、洋、巫、夔、萬諸州。又有江南道之黔、施等州，隴右道之秦、成、階三州。舊州六十一，新州一，曰溓。治溓山。今四川溓水縣。

光啟二年，以神策軍使王建爲利州刺史。三年取閬州，自稱防禦使。會田令孜召建詣西川，入鹿頭關，拔漢州。既而請邛州于朝，詔分邛、蜀、黎、雅爲永平軍，授建為節度使。時西川帥陳敬瑄拒命邛州亦為敬瑄守，建討之。於是眉、資、簡、嘉、戎、雅諸州，次第歸附。邛州亦下，又取蜀州。二年，成都降。建自稱留後。乾寧初，又克彭州，綿州來降，尋取龍州、梁州，四年，取渝、瀘諸州①。又拔梓州，遂并東川地②。光化初，奏分東川別為一鎮，以遂、合、瀘、昌、渝為武信節度。天復二年，率兵勤王，因取山南西諸州鎮。三年，進爵蜀王。取荆南、夔、忠、萬、施四州。天祐二年，又取金州。開平初稱帝，國號蜀。乾化二年，取岐文州，既又取秦、階、鹹、鳳四州。貞明二年，改國號漢。四年，復稱蜀。子衍嗣。後唐同光三年滅。

北有燕

深州劉仁恭，初爲幽州將，奔河東。乾寧二年，李克用入幽，略定幽、涿、莫、嬀、檀、薊、順、營、平、新、武諸巡屬，表仁二爲留後。

①渝、瀘：原書不清。據《舊五代史》補。

②東川：原書不清。據《舊五代史》補。

乾寧五年，遣子劉守文襲滄州，遂兼有滄、景、德三州①。以守文爲留後。天祐四年，子守光作亂，執仁恭囚之，自稱節度使。梁開平三年，又擒其兄守文，遣使請命于全忠。全忠以爲燕王。乾化初稱帝，三年爲晉滅。

晉

李克用，乾寧三年進爵晉王，天祐四年卒。子存勗嗣②，終成帝業。其地東守潞州，西限豐勝，北至雲朔，南保汾沁。僅十有餘州。

朱溫據汴，遂成篡弑，僭號曰梁。

西突厥處月别種朱邪盡忠，號爲沙陀。元和三年詣靈州降，後戰沒，詔置陰山府于鹽州，授其子執宜爲兵馬。四年隨靈鹽節度范希朝河東，置其部落于定襄州。卒，子赤心嗣。咸通九年，從康承訓平徐州，受大同節度，賜姓名李國昌。中和二年，以其子李克用爲鴈門節度使，平黄巢，復西京，詔授河東節度。乾寧三年，進爵晉王。天祐四年卒，子存勗嗣。

①滄、景、德：原作滄、景、景、德。

②勗：音xù。

朱溫起于汴州，因改汴州爲開封府，謂之東都，以故東都爲西都。○注：今洛陽。廢故西都，以京兆府爲大安府，仍置佑國軍治焉。開平三年，改曰永平軍。開平三年始遷洛陽。朱友貞自立于汴，仍都開封。有州七十八。

溫盡得河南境内諸州，兼有關内、河東、河北、山南之境。然鎮冀、易定兩鎮①，仍各有其地。魏博既得而旋失，朔方、定難諸鎮亦僅同羈屬。所云七十八州，非盡有其地也。○注：考舊志，貞明初改李茂貞所置耀州爲崇州，鼎州爲裕州，翟州爲禧州。而關内舊有威州、朔方，又有警州。今裕州以下諸州皆不在七十八州之限。

晉發憤仇讐，既克燕薛，遂剪賊梁，改晉稱唐。

①易定：原作『是定』，改。

晉莊宗初卽位，因以魏州爲興唐府，建東京，又于太原府建西京，以鎮州爲眞定府，建北都。滅梁後，遷都于洛，復以京兆爲西都，太原爲北京，而汴州仍曰宣武軍。其北復曰成德軍。同光三年，詔以洛京爲東都，興唐府爲鄴都。天成四年鄴都還爲魏州。

又西并鳳翔，南收巴蜀。及同光之變，兩川復失，有州一百二十三。唐盡有河南、河北、河東、關內、隴右境內諸州，又兼有山南之境。《五代志》莊宗初起并、代，取幽、滄，有州三十五。後又取梁、魏、博等十有六州，合五十一州。以滅梁，岐王稱臣，得其七州。同光初破蜀，已而復失。惟得秦、鳳、階、成四州。向營、平二州，已陷于契丹。其增置之州一，合爲一百二十三。○注：今考同光以後山南諸州，尚未盡入于蜀。其僅有秦、鳳、階、成四州，石晉時事也。又晉王于天祐八年置府州，治府谷縣，今葭州屬縣。天成初置寰州，今馬邑縣。三年治泰州，治清苑縣。今保定府。又考同光二年，瓜、沙入貢，長興初，凉州來附。四年置保順軍于洮州，兼領鄯州。又《宋志》後唐之義寧軍，置義州，後周因之，宋改爲華州。然則唐有之州，僅如志所稱已也。

石晉興戎①，契丹助虐，燕雲十六州遽淪異域。○注：幽、薊、瀛、莫、涿、檀、平、順爲山前八州，新、嬀、儒、武、雲、應、朔、蔚爲山後八州。

石敬塘自洛陽徙汴，尋升汴州爲東京開封府，以洛陽爲西京，改西都爲晉昌軍，又改興唐府爲廣晉府。天福二年，復建鄴都。開運二年，又廢鄴都，復爲天雄軍。

及契丹南牧，始終晉緒，其未亡也，有州一百有九。

晉有唐之故地，而十六州亡于契丹。取蜀之金州，又增置威州，治石渠縣。○注：今環縣或曰卽唐之威州。

①興戎：發動戰爭，引起爭端。

劉智遠乘契丹北去①，奄有晉境，改國號曰漢。

劉智遠都開封，如晉都之制。乾祐初又改晉昌軍爲永興軍，廣晉府爲大名府。

有州一百有六。

漢盡得晉之故地，惟秦、鳳、階、成四州先入于蜀。又，天祐初增置解州，治解縣。○注：今屬平湯府。

郭威守鄴，舉兵內向，代漢稱州②。

周因漢舊，仍都開封。顯德初又廢鄴都，止稱大名府。世宗奮其雄略，震疊并、汾。于是西克階、成③，南收江北④，奠三關⑤，有州一百十八。

周初并、汾、嵐、石、遼、沁、忻、代、麟、憲十州，沒于北漢。世宗得蜀四州，南唐十四州，契丹二州，

①劉智遠：通常作『劉知遠』。②州：當為『周』。③西克階、成：王景等伐蜀克秦、鳳、階、成四州。④南收江北：伐唐得淮南十四州。⑤奠三關：當為『北奠三關』。征契丹取瀛、莫二州，關南始為周有，關南，瓦橋關南也，時以瓦橋（河北雄縣）、孟津（霸縣）、高陽（高陽縣）為三關。

又置濟州、○注：今山東濟寧州。濱州、○注：今屬濟南府。通州○注：今屬揚州府。又置雄、霸二州。凡五州。又廢關內道之武、衍二州，河北道之景州，是爲一百十八州。

當是時矯虔攘竊者惟七君①。南唐李璟，據江以南二十一州。璟，李昇○注：即徐知誥。之子。晉大福八年嗣位。開運二年，攻閩，取鐔、建諸州。周廣順初，取楚湖南地。五年，江北諸州悉入于周。于是南唐所有者二十一州而已。○注：昇、宣、歙、池、洪、潤、常、鄂、筠、饒、信、虔、吉、袁、撫、江、汀、劍、建、漳、泉。又有江陰、雄遠、建武等軍三。○注：筠州南唐增置，今瑞州府。江陰軍今常州府屬縣。淮南置雄遠軍，今太平府。建武軍，今建昌府。俱南唐置。漳、泉二州雖爲留從效所置②，而羈屬于南唐。

後蜀孟昶據劒以南及山南西道西十六州。

徐知誥本姓李，淮南吳王大丞相徐溫養子。後唐天成四年，始專吳國之政。長興二年，出鎮金陵。清泰二年，封齊王。晉天福二年篡位，改名昇，國號唐，都金陵。天福八年，子璟嗣。自知誥至煜，傳三世。宋開寶八年，國亡。

按金陵先是楊溥稱帝，改揚州爲江都府，升州爲金陵府。及知誥封齊王，以金陵府爲西都。既而受禪，改金陵爲江寧府，而以江都府爲東都。周顯德四年，又改洪州曰南昌府，建南都。宋建隆二年，元宗遷都焉。明年，後主煜仍遷金陵。

①矯虔：泛指敲詐掠奪。②留從效(906—962)：字元範，晉江王、清源軍節度使。原籍泉州桃林(今福建泉州永春縣)，但從小定居楓亭留宅。後投入割據福建的王審知所部。在五代王審知身後的福建動亂中，據有泉漳十七年，名義上隸屬南唐，實為自治。

昶，蜀帝孟知祥之子。後唐應順初年嗣位，晉開運三年，契丹入作雄武帥何重進①，以泰、階、成三州來降。既又克鳳州。周顯德二後，復爲周所得。所有四十六州。○注：孟蜀之地，埒于前蜀②。前蜀有州六十四，蓋包舉西山諸州而言也。此則既失泰、鳳、階、成四州，又廢前蜀之隣州，而西山諸州不在四十六州之限。《宋史》：宋平蜀得州四十五。

孟知祥，字保胤，邢州人。唐李克用姪婿。同光三年授西川節度使。長興初與東川帥董璋圖據蜀，遂叛，畧有前蜀地。尋并東川，復內附。四年，册爲蜀王。會唐主殂，遂僭稱帝，國號蜀，都成都。既而唐室內亂，興元、武定兩鎮來歸。其興州亦棄不守。於是散關以南，悉爲蜀境。是年子昶嗣。自孟知祥得蜀，傳二世，宋乾德三年國亡。

楚周行逢據湖南北十州。

行逢周廣順初與王逵共爲朗州馬希萼將。周顯德三年，爲武平節度使，制置武安、靜等軍。傳子保權，爲宋所滅。○注：《宋史》：平湖南，得州十五，曰朗、澧、潭、岳、衡、永、辰、道、邵、全、獎、誠、錦、溪。又得監一，曰桂陽，今衡州府桂陽州。唐末置。此僅云十州，蓋誠、獎以下不與焉。

王逵與周行逢共爲朗州將，從馬希萼入潭州。希萼政亂，叛還朗州，擅易州將，既又迎辰州刺史劉言爲武平留後。二年王逵克潭州，稱武安留後。又遣兵克岳，于是嶺北諸州惟郴、連入于南漢。劉言以潭州破，移使府治于朗州，以逵爲武安節度使，治潭州。逵尋以周行逢知潭州，自克襲朗州，殺劉言而代其位。顯德三年，爲岳州刺史潘叔嗣所殺。行逢因入朗州，討叔嗣，斬之。稱武平、武安留後。周主以爲武平節度使。宋建隆三年卒。子保權嗣。

①何重進：時任雄武軍節度使。 ②埒（liè）：同等；（相）等。

吳越王錢宏俶據浙東西十三州①。○注：杭、越、蘇、湖、秀水、衢、睦、婺、處、明、台、福、溫也。周顯德以爲天下兵馬都元帥。

自錢鏐至宏俶，傳五世。宋太平興國以地歸。

南漢劉鋹據嶺南北四十七州②。鋹，晟之子。周顯德六年嗣位，年十六。○注：《宋志》：平廣南，得州六十，蓋唐末嶺道。道有州七十。南漢時惟交、武、峨、籠、環、襄、巖、古、愛、長、驩、峯、湯十三州，沒于安南。劉巖初僭位于境內，增置英州，治湞陽縣今英德縣，雄州治保昌縣今南雄府，敬州治程鄉縣，今屬潮州府。又改唐之循州爲楨州，而于龍川縣別置循州。又置常樂州，治博雷縣。劉晟又取嶺北之郴州，劉鋹又置齊昌府治興寧縣。龍則南漢所有，不僅四十七州已也。

自劉隱至鋹③，傳五世。宋開寶四年國亡。

北漢劉崇據太原以北十州。崇漢主劉智遠之弟。漢天福十二年，以崇爲太原尹留守北京。乾祐三年，隱帝被弑。

①錢宏俶(chù)：又作錢弘俶。因犯宋太祖之父趙弘殷名諱，入宋只稱俶。②鋹：音chǎng。③至：原作王，誤，改。

既而郭威篡位。于是崇自立于晉陽。自崇至繼元，傳五世。宋太平興國四年，爲宋所滅。○注：舊史：劉崇卽位，有并、汾、忻、代、嵐、憲、隆、蔚、沁、遼、麟、石、十二州。隆州晉漢問置。『宋志』中北漢得州十軍一，則與麟、蔚而有隆州。又寶興軍，劉繼元于團柏谷銀場置。又《宋史》北漢有衛州及耀，其所增置之州，蓋不可考者多矣。

荆南高繼冲，據荆、歸、峽三州。

繼冲，荆南高保融之子，保勗之侄①。宋建隆三年，保勗卒，繼冲嗣。明年以荆南降。

①勗：音xù。

唐縣名相同者

新城一涿州一杭州
武寧一洪州一萬州
龍門一河中一新州
太平一絳州一宣州
　　一安南
臨川一撫州一振州
南昌一洪州一白州
梁山一萬州一武峨州

龍泉一綏州一處州
永興一新州一鄂州
永清一幽州一房州
石泉一金州一茂州
大同一鎮北一龔州
新昌一涿州一峯州

陽城一河南一澤州
長樂一臨州一福州
壽昌一沙州一睦州
安居一普州一保州
正平一絳州一環州
樂平一太原一饒州

宋

○注：撫有中土，奄甸四方。

都邑

都大梁。建隆初，因周舊制，以大梁為東京開封府，洛陽為西京河南府。

真宗建宋州為南京。○注：景德三年，以州為太祖舊藩，升為應天府。大中祥符七年，遂建為南京。其後高宗即位於此。

仁宗又建大名府，為北京。時謂之四京。

高宗南渡，以臨安府為行都，後遂定都焉。

疆域

分天下為十五路。

先是淳化四年，法唐制，分天下為十道：曰河南，曰河東，曰河北，曰關西，曰劍南，曰淮南，曰陝西，曰江南東西，曰浙東西，曰廣南。至道三年，始分天下州軍為十五路，各置轉運、經略、安撫等使統之。

錢辛楣《十駕齋》曰①：《宋史・地理志》：『至道三年，分天下為十五路，天聖析為十八，元豐又析為二十三。』《志》所云路者，以轉運使所轄定之。若慶歷元年，分陝西沿邊為秦鳳、涇原、環慶、鄜延四路。八年，河北置大名、高陽關、真定、定州四路。熙寧五年，陝西又置熙河路。此特為軍事而設，每路設安撫使兼馬步軍都部署，即都總管。其民事仍領于轉運司，故不在十八路、廿三路之數。又云：宋時州有四等：曰節度，曰防禦，曰團練，曰刺史。亦曰軍事。節度為三品州，防、團為四品州，軍事為五品州。凡除節度、防禦、團練使、刺史者，皆不之任。唯差京朝官。知年州事，俱為親民之官，而班資有崇卑。故《宋志》于每州之下，系以節度。至防禦、團練之名節度，又有軍號，

①錢辛楣：錢大昕（1728–1804），字曉征，又字及之，號辛楣，江蘇嘉定人（今屬上海），清代史學家。《十駕齋》：《十駕齋養新錄》。

如大名府稱天雄軍，兗州稱泰寧軍之類。而防團則無之。故節度必系以某年，此系官制之關地理。而宋時諸州又有由軍事、防禦升節度者，史家省文，或書『升某州為某軍』。如元符三年，升端州為興慶軍。政和七年，升鼎州為常德軍之類。此由散州升為節度州，州牧改用大僚，而州名仍如其舊，非改州為軍也。然宋時牧守又有府、州、軍、監四等。而軍監在州之下。守臣以知軍系銜，如京東之淮陽軍、京西之信陽軍、淮南之盱眙軍、浙西之江陰軍。此則唐以前所未有，而志地理沿革者所當討論矣。

京東路 東至海，西抵汴，南極淮、泗，北薄於河海。統府一，州十六，軍四，監二。 ○注：先是乾德初，節鎮所領支郡，皆直隸京師，得自奏事，不屬諸藩。節度使之權始輕。太平興國二年，復罷天下節鎮領支郡之制，於是軍監與州府同列矣。

汴都考○注：今开封府。

《禹貢》豫州之域，春秋鄭地，戰國魏都○注：惠王自安邑徙都大梁，即此。秦屬三川郡，漢置陳留郡，晉為陳留國。○注：石虎得之，改為建昌郡。後魏亦曰陳留郡。東魏置梁州及陳留、開封二郡。○注：天平四年，梁州附於西魏，僑置北徐州于此。旋復入於東魏。北齊以開封省入陳留。後周改梁州為汴州。隋廢陳留郡，大業初，并廢州，分其地入滎陽、梁、潁川等郡。唐初，置汴州；天寶初，改陳留郡；乾元初，又為汴州；興元二年，自宋州徙宣武軍于此。朱梁建都，升東京開封府，後唐復為汴州宣

開封府　唐汴州，後為宣武軍治。朱梁曰開封府。宋因之，餘領開封等縣十七八。

領　開封　祥符　尉氏　陳留　雍邱　封邱[1]　中牟　陽武　延津　長垣　東明[2]　襄邑　扶溝　鄢陵　考城　太康　咸平[3]

宋州　朱梁宣武軍治此，兼領亳、輝、潁三州，亦曰宋州節度。後唐改軍曰歸德。宋仍曰宋州，亦曰歸德軍。景德中，升為應天府，領宋城等縣六。○注：今曰歸德府《九域志》七。

領　宋城　寧陵　柘城　穀熟[4]　下邑[5]　虞城　楚邱[6]

兗州　唐末為泰寧郡治。宋仍曰兗州。政和八年，升為襲慶府，領瑕丘等縣十○注：《九域志》七。

領　瑕邱[7]　奉符[8]　泗水　龔邱[9]　仙源[10]　萊蕪[11]　鄒

徐州　唐末為感化軍治。朱梁曰武寧軍。宋仍曰徐州，亦曰彭城郡。領彭城等縣五。

領　彭城　沛　蕭　滕　豐

---

①雍丘：今河南開封市杞縣。　②東明：今屬山東。　③咸平：今河南開封市通許縣。　④穀熟：古稱『亳』、『穀丘』、『穀熟』。治在今河南省商丘市虞城縣西南部。　⑤下邑：治所在今安徽碭山縣。　⑥楚邱：治在今山東曹縣東南。　⑦瑕邱：治在今河南濮陽縣南行18華里，今五星鄉後古堆村。　⑧奉符：宋大中祥符元年（1008）改乾封縣為奉符縣。治在今泰安市泰山區泰安城。　⑨龔邱：今山東寧陽。　⑩仙源：大中祥符五年（1012）閏十月，宋真宗以黃帝生於壽丘（曲阜城東舊縣村），下詔令改曲阜為仙源縣。　⑪萊蕪：《宋史·地理志》：『監一，萊蕪。主鐵冶。』

武軍。晉復都此，仍曰東京開封府。○注：契丹入汴，仍曰汴州，尋亦為宣武軍。漢、周皆因晉舊。宋太祖復定都焉，亦曰東京開封府。金曰汴京，廢主亮改曰南京，宣宗珣遷都焉。元曰南京路。至元二十五年，改汴梁路。明洪武初，建北京于汴梁，復曰開封府北京，尋罷。

今府城宋東京城也。舊志：外城周四十八里有奇。○注：周顯德中築，名曰新城。宋政和六年，展築城南面，亦曰圉城。里城周二十里有奇。○注：唐建中初，節度使李勉所築，宋亦曰闕城。金主珣興定二年增修。宮城周五里。○注：曰大內。據闕城西北，亦曰皇城，即宣武軍治。朱梁建都，以為建昌宮。石晉為大寧宮。

曹州　石晉置威信軍治此。兼領單州。後周曰彰信軍。宋曰曹州，亦曰興仁軍。崇寧初，升為興仁府，領濟陰等縣四○注：《九域志》五。	領　濟陰　宛亭①乘氏②南華　定陶
青州　唐平盧軍治。宋仍曰青州，亦曰鎮海軍。領益都等縣六。	領　益都　壽光　臨朐　博興　千乘③　臨淄
鄆州　唐天平軍治。宋仍曰鄆州，亦曰天平軍。宣和九年，升為東平府。領須城等縣六。	領　須城④陽穀中都⑤　東阿　壽張　平陰

①宛亭：《宋史·地理志》：『元祐元年，改冤句縣為宛亭。』②乘氏：治今山東菏澤市。③千乘：县域跨今博兴、高青部分地区。④須城：后唐同光元年(23)，改须昌为须城县(治今山东东平县埠子坡)，咸平三年(1000)，河决郓州，州城浸没，遂移郓州、须城县城于五陵山前五里平原处(今山东东平州城)。⑤中都：今山东汶上。

周世宗少加營繕。宋建隆三年，廣皇城東北隅。四年，按洛陽宮殿加修。乾德二年，導五丈河通城為池。

靖康元年，种師道言：京師周回八十里，高數十丈。此外城也。紹定五年，蒙古攻汴城，週二十里，不能遍守①。此里城也。宮城門凡六。南面三門。中曰乾元。○注：朱梁曰建國，後唐因之。石晉天福三年，改曰明德。宋太平興國二年，改丹鳳。大中祥符八年，改正陽。明道二年，改建德。雍熙初，改曰乾元。《金史》：『宮城南外門曰南薰，以次而北，有豐宜、丹鳳、承天、太慶諸門，以達於大慶殿。』東曰左掖，西曰右掖○注：《金史》：左右掖門在承天門東西，南薰門之內。東面一門，曰東華。○注：舊名寬仁。宋開寶三年，改。又熙寧十年，改東華門內北便門曰謻門。西面一門曰西華門○注：舊名神獸，亦開寶三

密州　唐曰密州。宋因之，亦曰安化軍。領諸城等縣六，《九域志》四。齊州唐曰齊州。宋因之，亦曰興德軍。政和初，升為濟南府。領曆城等縣六。

濟州　唐曰濟州，後廢。五代周復置，宋因之，領巨野等縣四。

沂州　唐曰沂州。宋因之，領臨沂等縣五。

登州　唐曰中都督府，宋乾德元年降為州，亦曰中牟郡。領蓬萊等縣四。

領　諸城　安丘　莒　高密　膠西

領　歷城②禹城　章丘　長清　臨邑

領　鉅野　任城　金鄉　鄆城

領　臨沂　丞③　沂水費　新泰

領　蓬萊　黃縣　牟平　文登

①遍：原作徧，據《讀史方輿紀要》改。　②歷城：原於『齊州』條下缺載具體縣名，據《宋史·地理志》補。　③丞：《宋史·地理志》作『承』。在今山东枣庄市南旧峄县西北一里。

年改。北面一門曰珙宸○注：舊名元武。大中祥符五年，改。又熙寧十年，改門内西横門曰臨華。《金史》：『北一門曰安貞。』里城門凡十：南面三門。中曰○注：朱雀本名尉氏，梁開平元年，改。石晉天福三年，改薰風。宋改今名。東曰保康，西曰崇明。○注：《宋史》：南面本二門。祥符五年，始作保康門於朱雀門東。東面二門，南曰麗景。○注：初名宋門，大梁東面南來第二門也。梁改觀化。石晉改仁和。北曰望春。○注：本名曹門，汴城東面北來第一門也。梁改建陽，晉改迎春。西面二門，南曰閶闔○注：舊曰鄭門，西面南來第一門也。梁改開陽，晉為全義，周曰迎秋。北曰宜秋。○注：舊曰梁門，西面北來第一門也。梁改乾象，晉改乾明。北面三門，中曰景龍，東曰安遠○注：本名酸棗，北面東來第一門也。朱梁改興和。石晉改玄化。西

萊州　唐曰萊州。宋因之，領掖縣等縣四。

淄州　唐曰淄州。宋因之，亦曰淄川郡，領淄川等縣四。

濮州　唐曰濮州。宋因之，亦曰濮陽郡，領鄄城等縣四。

單州　唐末置單州。朱梁曰輝州。後唐復故。宋因之，領單父等縣四。

濰州　唐初置濰州，尋廢。宋建隆三年，置北海軍。乾德二年，升為州，領北海等縣三。○注：今平度州濰縣。

領　掖　萊陽　膠水　即墨

領　淄川　長山　鄒平　高苑

領　鄄城　雷澤　臨濮　範

領　單父　碭山　成武　魚臺

領　北海　昌邑　昌樂[1]

①昌樂：《宋史·地理志》：『本唐營丘縣，後廢。乾德中，復置安仁縣，俄又改。』

曰天波○注：宋人引金水河入天波門，貫于皇城內。按舊門曰陳橋、封丘、酸棗，酸棗在封丘之東。梁開平元年，改封丘為含耀，石晉改為宣陽。宋太平興國四年，俱易以新名。《金史》：『都城門凡十四：曰開陽、宣仁、安利、平化、通遠、宜照、利川、崇德、迎秋、廣澤、順義、迎朔、順常、廣智。』金主珣修築汴城，因增易諸名。外城門凡二十有一：南面三門，中曰南薰。○注：亦曰朱明。東曰宣化。西曰安上。○注：俗曰戴樓門。東面二門，南曰朝陽，北曰賓寅。○注：本名含暉，太平興國四年改曰賓寅，天聖初，復日含暉。門置本名通遠天聖安改今名。西面三門，中曰開遠。○注：一名千秋門。《宋志》：太平興國中。南曰順天。○注：俗名新門。北曰金暉。北面四門。中曰通天。○注：一名天津。《宋志》：『天聖初改寧德，後復舊。』東曰景陽。《宋志》作長景。次東曰永泰。西曰安肅。○注：初名衡州门，

廣濟軍　唐曹州之定陶鎮。宋置軍，領定陶縣一。

清平軍　唐齊州之章邱縣。宋初置軍，領章丘縣一。

淮陽軍　唐初曰邳州，尋廢。宋置軍，領下邳等縣二。

宣化軍　唐淄州之高苑縣。宋置軍，領高苑縣一。

萊蕪監　本萊蕪縣。唐屬兖州。宋置監，主鐵冶今泰安州屬。

利國監　本徐州沛縣地。宋置監，主鐵冶。今州東北。

領下邳

宿遷

太平兴国四年改。又，南面水門一。曰普濟。○注：在南薰門東，惠民河上水門也。胡氏曰：『惠民河出宣化門。』曰廣利。○注：在南薰門西，惠民河下水門。胡氏曰：惠民河自戴樓門入京城。東面水門三。曰上善。○注：在通津門南，汴河南水門也。曰通津○注：在朝陽門南，汴河北水門。天聖初，改廣津。熙寧十年，復。曰咸。○注：通在賓寅門北，五丈河下水門也。天聖初，改曰善利。西面水門三。曰大通。○注：在順天門北，汴河上水南門也。太平興國四年，賜名大通。天聖初，改順濟，後復舊。亦曰利澤水門。汴河自此入城。曰咸豐在金輝門北，五丈河上水門也。曰宣澤。○注：在咸豐門北，舊亦曰大通。熙寧十年改。汴河上水北門也。北面水門一。曰永順○注：在安肅門西，五丈河上南水門也。熙寧十年創建。

京西路 東暨汝、潁，西距崤、函，南逾漢、沔，北抵河津。統府一，州十六，軍二。

京西河南府 唐曰河南府。宋因之，領河南等縣十六。

領 河南洛陽① 永安② 偃師 鞏縣 密縣 新安 福昌 澠池 永寧 長水 壽安 伊陽 河清

監一 阜財

滑州 唐末為宣義軍治。後唐復曰義成軍。宋仍曰滑州，亦曰武成軍。太宗時避諱，乃改武成。領白馬等縣三。

領 白馬③ 韋城④ 胙城⑤

鄭州 唐曰鄭州。宋因之，亦曰奉寧軍，領管城等縣五。

領 管城 滎陽 新鄭 原武 滎澤

汝州 唐曰汝州。宋因之，亦曰陸海軍，領梁縣等縣五。

領 梁 襄城 葉 郟城 魯山⑥

①洛陽：原無。《宋史·地理志》：『洛陽，赤，熙寧五年，省入河南，元祐二年復。』據此補入。 ②永安：治在今南省今巩义市芝田镇。《宋史·地理志》：『奉陵寢。』 ③白馬：治所在今河南滑县东二十八里。取白马山为名。 ④韋城：治所在今河南滑县东南。 ⑤胙城：治所在今河南延津县县城北22公里处胙城乡。 ⑥魯山《宋史·地理志》有寶豐而無郟城，『寶豐。中。舊名龍興，熙寧五年，省為鎮，入魯山。元祐元年復。宣和二年，改為寶豐縣。』

李濂《汴京遺跡》曰：汴城舊有十三門。南曰南薰、陳州、戴樓，東曰新宋、揚州、新曹，西曰新鄭、萬勝、固子。○注：新鄭，西面從南第一門也，即順天門。萬勝，西面從南第三門也，即開遠門。固子，西面從南第四門也，即金輝門。北曰陳橋、封丘、酸棗、衛州。○注：此兼舊裡、外城而言。蓋時代既移，見聞錯誤。今道路所通者，惟新曹、新鄭、陳州、揚州、南薰、固子、封丘七門而已。○注：開寶九年省羅山，鐘山縣入義陽。太平興國元年改義陽縣為信陽。雍熙三年復置羅山縣。元改軍為州，始別置羅山縣，而移州治于羅山縣故地。

陳州　石晉置鎮安軍于此。宋陳州，亦曰鎮安軍。宣和初，升為淮寧府，領宛丘等縣五。○注：《九域志》四。

許州　唐忠武軍治。朱梁曰匡國軍，兼領陳、汝二州。後唐復曰忠武。宋仍曰許州，亦曰忠武軍。元豐三年，升為潁昌府，領長社等縣七。○注：《九域志》六。

蔡州　唐末為奉國軍治。宋仍曰蔡州，亦曰淮康軍，領汝陽等縣十。

潁州　唐曰潁州。宋因之，亦曰順昌軍。政和六年，升為順昌府，領汝陰等縣四。

領　宛丘　項城　商水　西華　南頓[1]。

領　長社　郾城　陽翟　長葛　臨潁　舞陽　郟[2]

領　汝陽　上蔡　新蔡　褒信　平輿　遂平　新息　確山　真陽　西平

領　汝陰　葛壽　潁上　沈丘

①南頓：原無。《宋史·地理志》云：『南頓，中。熙寧六年，省為鎮，入商水、項城二縣。元祐元年復。』據此補。②郟：原無。《宋史·地理志》云：『郟，中。元隸汝州，崇寧四年來隸。』據此補。

	孟州　唐河陽三城節度治此。宋仍曰孟州，亦曰河陽軍，領河陽等縣六。	領　河陽　溫济　汜水　河陰　王屋　濟源
	唐州　唐曰唐州。宋因之，領泌陽等縣五。	領　泌陽　湖陽[①]　比陽　桐柏　方城
	鄧州　朱梁置宣化軍治此，兼領唐、均、房三州。後唐改曰威勝。周曰武勝。宋仍曰鄧州，亦曰武勝軍，領穰縣等縣五。	領　穰　南陽　內鄉　淅川　順陽
	襄州　唐為山南東道治。梁兼置忠義軍。尋廢。宋仍曰襄州，亦曰山南道節度。宣和初，升為襄陽府，領襄陽等縣六。○注：《九域志》七。	領　襄陽　光化[②]　鄧城　穀城　宜城　中盧　南漳

①湖陽：地跨今唐河县南部和枣阳市北部。

②光化：位於今湖北西北部的老河口市。宋乾德二年（964）建光化軍，并設乾德縣。熙寧五年（1072）廢軍，改乾德縣為光化縣。元佑初複為軍、縣。

	均州　唐末為戎昭軍治。宋仍曰均州，亦曰武當軍，領武當等縣二。○注：《九域志》二。	領　武當　鄖陽
	房州　唐曰房州。宋因之，亦曰保康軍，領房陵等縣二。	領　房陵　竹山
	金州　唐末為昭信軍治。前蜀曰雄武軍，兼領巴、渠、開三州，旋廢。後蜀曰威勝軍。宋仍曰金州，亦曰昭化軍，領西城等縣五。○注：《九域志》四。	領　西城　洵陽　漢陰　石泉
	隨州　唐曰隨州。宋因之，亦曰崇義軍，後又為崇信軍，領隨縣等縣三。	平利[1]
	郢州　唐曰郢州。宋因之，領長壽等縣二。	領　長壽　京山

①平利：原無。《宋史·地理志》云：『平利。下。熙寧六年，省為鎮，入西城。元祐復。』據此補。

信陽軍　唐曰申州。宋開寶九年，降為義陽軍。太平興國初，改為信陽軍，領信陽等縣二。

領　信陽　羅山

光化軍　唐穀城縣之陰城鎮，屬襄州。宋置軍，領乾德縣一〇注：今光化縣。

河北路　東濱海，西薄太行，南臨河，北據三關。統府一，州二十四，軍十四。

大名府　唐魏州，為天雄軍治。後唐曰興唐府。石晉曰廣晉府，後又為天雄軍。漢曰大名府。周因之，亦曰天雄軍。宋仍曰大名府，領元城等縣十二〇注：《九域志》十三。

領　元城　莘　朝城　南樂　內黃　成安　魏　館陶　臨清　宗城　夏津　清平　冠氏

	鎮州　唐為成德軍治。後唐曰真定府，尋複曰成德軍。石晉改為恒州，又改軍曰順國軍。漢仍曰鎮州成德軍。宋因之。慶歷八年，升為真定府，領真定等縣九○注：《九域志》八。	領　真定　藁城　欒城　元氏　井陘　獲鹿　平山　行唐　寨一　北寨
	瀛州　唐瀛州。宋因之，亦曰瀛海軍。大觀二年，升為河間府，領河間等縣三。○注：《九域志》二。	領　河間　樂壽
	貝州　石晉置永清軍治此，兼領博、冀二州。後周軍廢。宋仍曰貝州，亦曰永清軍。慶歷八年，改曰恩州，領清河等縣三。	領　清河　武城　東城①
	博州　唐博州。宋因之，領聊城等縣四。	領　聊城　高唐　堂邑　博平

①東城：原無。《宋史·地理志》云：『東城，上。熙寧六年，省為鎮入河間，元祐元年復。』據此補。今河北河间市东北30公里处有東城镇。

	德州　唐德州。宋因之，領安德等縣二。	領　安德　平原
	滄州　唐末為義昌軍治。梁曰順化軍。後唐曰横海軍，領清池等縣五。	領　清池　無棣　鹽山　樂陵　南皮
	棣州　唐曰棣州。宋因之，領厭次等縣三。	領　厭次　商河　陽信
	深州　唐曰深州。宋因之，領静安等縣五。	領　静安　束鹿　安平　饒陽　武強
	洺州　唐曰洺州。宋因之，領永年等縣五。○注：《九域志》四。	領　永年　肥鄉　平恩　雞澤　曲周①

①曲周：原無。據《宋史·地理志》補。

	邢州　朱梁為保義軍治，兼領洺、磁二州。後唐改曰安國軍。宋仍曰邢州。宣和初，升為信德府，領邢臺等縣八。○注：《九域志》七。	領　龍岡[①]　沙河　鉅鹿　任　堯山　平鄉[②]　内丘　南和
	冀州　唐曰冀州。宋因之，亦曰安武軍，領信都等縣六。	領　信都　蓨　南宮　棗強　武邑　衡水
	趙州　唐曰趙州。宋因之，亦曰慶源軍。宣和初，升為慶源府，領平棘等縣七。○注：《九域志》四。	領　平棘　寧晉　臨城　高邑　隆平　柏鄉　贊皇[③]
	定州　唐義武軍治。宋仍為定州，亦曰定武軍。政和三年，升為中山府，領安喜等縣七。又慶歷二年，置北平軍，治北平縣今保定府完縣。	領　安喜　無極　曲陽　唐　望都　新樂　北平

①龍岡：《宋史·地理志》作「邢臺」，注曰：「宣和二年，改龍岡縣為邢臺。」　②任、堯山、平鄉：原均無。據《宋史·地理志》補。　③隆平、柏鄉、贊皇：原均無。據《宋史·地理志》補。

	莫州　唐曰莫州。宋因之，領任丘縣一。	寨一　軍城
	相州　朱梁置昭德軍治此，兼領衛、澶二州。後唐廢，石晉復置彰德軍。宋仍曰相州，亦曰彰德軍，領安陽等縣四。	領　安陽　湯陰　臨漳　林慮
	懷州　唐曰懷州。宋因之，領河內等縣三。○注：《九域志》二。	領　河內　武陟　修武①
	衛州　唐曰衛州。宋因之，領汲縣等縣四。	領　汲　新鄉②　獲嘉　共城　黎陽
	澶州　石晉置鎮寧軍治此，兼領濮州。宋仍曰澶州，亦曰鎮寧軍。崇寧五年，升為開德府，領濮陽等縣七。○注：《九域志》五。	領　濮陽　觀城　臨河　清豐　衛南　朝城　南樂③

①修武：原無。《宋史·地理志》云：『修武，上。熙寧六年，省為鎮入武陟。元祐元年復。』據此補。　②新鄉：原無。《宋史·地理志》云：『新鄉，緊，熙寧六年，廢為鎮入汲。元祐二年復。』據此補。　③朝城南樂：原無。據《宋史·地理志》補。

建隆元年，以莫州清苑縣地置保塞軍。後改清苑縣為保塞縣。

磁州　唐曰磁州。朱梁曰惠州，後唐復故。宋因之。政和三年，改曰磁州，領滏陽等縣三①。

祁州　唐曰祁州。宋因之，領蒲陰等縣三。○注：《九域志》二。

濱州　五代周置。宋因之，領勃海等縣二。

雄州　五代周置。宋因之，領歸信等縣二。

霸州　五代周置。宋因之，領文安等縣二。

保州　五代唐置泰州，後廢。宋建隆初，置保塞軍。太平興國六年，升為保州，領保塞縣一。

領　滏陽　邯鄲　武安

領　蒲陰　鼓城　深澤②

領　渤海　招安

領　歸信　容城

領　文安　大城

①滏陽：原作「釜陽」，改。　②深澤：原無。據《宋史·地理志》補。

慶歷四年，徙無棣縣治德清軍，即縣治置軍使，隸澶州。

治平元年，徙無棣縣治保順軍，即縣治置軍使，隸滄州。

德清軍　五代晉置。宋因之，治清豐縣。○注：今屬大名府。		
保順軍　五代周置。宋因之，治無棣縣。○注：今山東海豐縣。		
定遠軍　唐曰景州。五代周曰定遠軍。宋因之。景德初，改曰永靜軍，領東光等縣三。	領　東光　將陵　阜城	
破虜軍　五代周霸州淤口寨。宋太平興國六年，置軍。景德二年，改為信安軍。○注：今霸州東五十里信安城是。	領　寨六[①]　周河　刀魚[②]　田家　狼城佛聖渦　李詳	
平戎軍　唐涿州新鎮地。宋太平興國六年，置平戎軍。景德初，改曰保定軍。○注：今為保定縣。	領　寨二　桃花　父母	

①寨六：《宋史藝文志》載其寨為七。除下文所列六寨外，又有角寨，云：『元豐四年，霸州鹿角砦始隸軍。』　②刀魚：《宋史藝文志》作『刁魚』。

太平興國六年，析易州遂城縣地，置靜戎縣，置軍後改安肅。

乾寧軍在滄州北一百里，蓋唐乾寧始建此軍也。本盧臺地，本名盧臺。周顯德間始號乾寧。太平興國復改永安縣為乾寧。

太平興國七年，以瀛州廢唐興縣地置唐興寨。淳化三年，升順安軍，治高陽縣。

靜戎軍　五代周梁門口寨，屬易州。宋太平興國六年，置軍。景德初，改為安肅軍，○注：領安肅縣一。

威虜軍　唐易州遂城縣。宋太平興國六年置，曰威虜軍。景德初，曰廣信軍，領遂城縣一。

乾寧軍　唐末置軍，屬滄州，後廢。宋太平興國七年，復置。大觀二年，升為清州，領乾寧縣一。○注：今河間府青縣是也。

順安軍　本瀛州高陽關寨，後周三關之一。宋淳化三年，置順安軍，領高陽縣一。○注：今屬安州。

寧邊軍　唐定州之博野縣地。宋雍熙四年，置軍。景德初曰永定，天聖七年，改永寧軍。領博野縣一。○注：今屬保定府。

領寨六　釣臺　獨流北　獨流東　當城　沙渦　百萬　鎮一　苑橋

熙寧八年，即真定府井陘縣治置天威軍使，隸真定府。

建隆元年，以娘子關地建承天軍，隸真定府，後廢。

太平興國八年以深州下博縣隸軍。雍熙二年，軍廢。三年，省下博縣。四年復，改靜安，隸深州。

天寧四年，以衛縣隸軍。熙寧三年廢軍。以衛縣并黎陽縣俱隸衛州。

天威軍　本鎮州井陘縣。宋置軍，治井陘。○注：今陘縣。

承天軍　唐置。宋因之，後為承天寨。在今真定府北。

靜安軍　五代周置。宋因之。○注：在今深州東南。

通利軍　唐衛州黎陽縣。宋端拱初，置軍。天聖初，曰安利軍。政和五年，升為濬州，亦曰濬川軍，又為平川軍，領黎陽等縣二。○注：今濬縣。

河東路　東際常山，西逾河，南距底柱，北塞雁門。統州十七，軍六，監二。

并州　唐太原府。宋仍為并州，亦曰河東節度。嘉祐七年，復曰太原府，領陽曲等縣十。○注：《九域志》：縣九。

領　陽曲　太谷　榆次　壽陽　盂　交城　文水　祁　清源　平晉②

代州　唐末為雁門軍治。宋仍曰代州，領雁門等縣四。

領　雁門　崞　五臺　繁畤

忻州　唐曰忻州。宋因之，領秀容等縣二。○注：《九域志》縣一。

領　秀容　定襄③

汾州　唐曰汾州。宋因之，領西河等縣五。

領　西河　平遙　介休　靈石　孝義④

按：此西河即今更名汾陽縣，非子夏設教西河地也。鄭注《檀弓西河》云：『龍門至華陰之地。』《水經》酈注，屢言子夏石室，正在其地，與宋汾州無涉。其《困學紀聞》及《史記》正文皆誤①。

①《史記》正文：疑當為《史記正義》。　②平晉：原無。據《宋史·地理志》補。熙寧三年，廢入陽曲。　③定襄：原無。據《宋史·地理志》補。　④孝義：原無。據《宋史·地理志》補。熙寧三年，廢入陽曲。太平興國元年，改為中陽，後復為孝義。熙寧五年，省為鎮，入介休。元祐元年復。

	遼州　唐曰遼州。宋因之，領遼山等縣四。	領　遼山　平城　和順　榆社
	澤州　唐曰澤州。宋因之，領晉城等縣六。	領　晉城　高平　陽城　端氏　陵川　沁水
	潞州　唐昭義軍治。朱梁曰匡義軍。後唐曰安義軍，尋復曰昭義。宋仍曰潞州，亦曰昭德軍。崇甯初，升為隆德府，領上黨等縣八。○注：《九域志》七。	領　上黨　屯留　襄垣　潞城　壺關　長子　涉　黎城①
	晉州　朱梁置定昌軍治此，兼領絳、沁二州。後唐曰建雄軍，又改建寧軍。宋仍曰晉州，亦曰建雄軍。政和六年，升為平陽府，領臨汾等縣十。又政和二年，置慶祚軍，領趙城縣一。	領　臨汾　洪洞　襄陵　神山　趙城　汾西　霍邑　冀氏　嶽陽　和川②　務二　煉礬　礬山

①黎城：原無。據《宋史·地理志》補。天聖三年，徙治涉之東南白馬驛。熙寧五年，省入潞城縣。元祐元年復。②和川：原無。據《宋史·地理志》補。太平興國六年，廢沁州，以縣來屬。熙寧五年，省為鎮，入冀氏。元祐元年復為縣。

	絳州　唐曰絳州。宋因之，領平正等縣七。	領　正平　曲沃　太平　翼城　稷山　絳　垣曲
	慈州　唐曰慈州。宋因之，領吉鄉縣一。	
	隰州　唐曰隰州。宋因之，領隰川等縣六。○注：《九域志》卷六。	領　隰川　溫泉　蒲　大寧　石樓　永和　吉鄉
	石州　唐曰石州。宋因之，領離石等縣五。又元符二年，增置晉寧軍，領定胡等縣二。○注：今陝西葭州。	領　離石　平夷　定胡　臨泉　州方山
	嵐州　唐曰嵐州。宋因之，領宜芳等縣三。	領　宜芳　合河　樓煩
	憲州　唐曰憲州。宋因之，仍治樓煩縣。咸平五年，改領靜樂縣一。	領　靜樂

	豐州　唐曰豐州。宋因之。慶曆初，為夏所陷。嘉祐七年，寄治府州境內。	寨二　永保　保寧
	麟州　唐曰麟州。宋因之，亦曰建寧軍。端拱初，曰鎮西軍，領新秦縣一。	領　新秦　銀城　連谷
	府州　唐麟州地。晉王存勖始置府州。五代漢曰永安軍，兼領勝州及沿河諸鎮。宋仍曰府州，亦曰永安軍。崇寧初，改曰靖康軍，領府谷縣一。	領　府谷
太平興國四年以并州樂平縣隸軍。	平定軍　唐并州地。宋置平定軍，領平定等縣一。	領　平定　樂平

太平七年，以嵐州雄勇鎮置軍。	火山軍　本北漢雄勇鎮，屬嵐州。宋太平興國七年，改置軍。治平四年，復置火山縣隸焉。縣一，尋廢。	寨一　下鎮○注：慶曆元年置。
淳化四年，析嵐州地置定羌軍，景德二年，改保德軍。	定羌軍　唐嵐州地。宋淳化四年置。景德初，曰保德軍。	津二　大堡　沙穀
太平興國四年，以嵐州之固軍為寧化縣。五年，于縣置寧化軍。	寧化軍　北漢置。宋因之，領寧化縣一。	寨一　窟穀
太平興國五年，以嵐州嵐穀縣建軍，治嵐穀縣。	岢嵐軍　唐置，五代末廢。宋太平興國五年復置，領嵐谷縣一。○注：今岢嵐州。	領　嵐谷
太平興國二年，以潞州武鄉縣，六年，以沁州沁源縣，寶元二以大通監綿上縣，并隸軍。	威勝軍　唐曰沁州。宋太平興國三年，改置軍，領銅鞮等縣四。	領　銅鍉　武鄉　沁源　緜上
	永利監　本晉陽縣地。宋太平興國四年，平河東，置平晉軍于此，尋又置永利監治焉。	

	大通監　本太原府交城縣地。宋太平興國四年，置監，交城縣屬焉。寶元初，縣改屬并州。	監二　大通　永利
	陝西路　東盡崤、函，西包汧、隴，南連商洛，北控蕭關。統府三，州二十四，軍二，監二。	
	京兆府　唐末為佑國軍治。朱梁曰大安府，又改軍號曰永平。後唐複為京兆府。石晉曰晉昌軍。漢曰永興軍。宋仍曰京兆府，亦曰永興軍，領長安等縣十三。○注：《九域志》十四。	領　長安　萬年[1]　鄠　藍田　咸陽　醴泉　涇陽　櫟陽　高陵　興平　臨潼　武功　乾祐　奉天
	河中府　唐以前為蒲州。開元中，改為河中府。唐末護國軍治。宋仍曰河中府，亦曰護國軍，領河東等縣七。	領　蒲州。 領　河東　臨晉　猗氏　虞鄉　萬泉　龍門　榮河

①萬年：宣和七年改為樊川縣。

	鳳翔府　唐鳳翔軍治。宋仍曰鳳翔府，亦曰鳳翔軍，領天興等縣九。○注：《九域志》十。又大觀初，置清平軍，領終南縣一。	領天興　岐山　扶風　盩厔　郿　寶雞　虢　麟遊　普潤　好畤
	華州　唐鎮國軍治。朱梁曰感化軍。宋仍曰華州，亦曰鎮國軍，又為鎮潼軍，領鄭縣等縣五。	領鄭　下邽　蒲城　華陰　渭南
	同州　唐匡國軍治。梁曰忠武、軍。宋仍曰同州，亦曰定國軍，領馮翊等縣六。	領馮翊　澄城　朝邑　郃陽　白水　韓城
	解州　五代漢置。宋因之，領解縣等縣三。	領解　聞喜　安邑
	虢州　唐曰虢州。宋因之，領盧氏等縣四。○注：《九域志》三。	領盧氏①　虢略②　朱陽③　欒川④

①盧氏：《宋史·地理志》：「熙寧二年，以西京伊陽縣欒川冶鎮隸焉。」②虢略：《宋史·地理志》：「唐弘農縣。建隆初，改常農。至道三年，改今名。熙寧四年，省玉城縣為鎮入焉。」③朱陽：《宋史·地理志》：「乾德六年，廢入常農，太平興國七年，復置。」④欒川：原無。《宋史·地理志》：「欒川，元祐二年，以欒川冶為鎮。崇寧三年，改為縣。」據此補。

陝州　唐末保義軍治此。梁改為鎮國軍。後唐復故。宋仍曰陝州，亦曰保平軍，領陝縣等縣七。	領　陝[1]　平陸　夏　靈寶　芮城　湖城[2]　閿鄉
商州　唐曰商州。宋因之，領上洛等縣五。	領　上洛　商洛　洛南　豐陽　上津
乾州　唐末置。宋因之。政和八年，改置醴州，領奉天等縣五。	《九域志》列省廢州軍，領三縣：好畤　永壽　奉天
耀州　五代初，李茂貞置，又為義勝軍治，兼領鼎州。梁曰崇州，又改軍曰靜勝。後唐曰順義軍。宋仍曰耀州，亦曰感義軍，又曰感德軍，領華原等縣六。○注：《九域志》七。	領　華原　富平　三原　云陽　同官　美原　淳化○注：分雲陽縣黎園鎮地置。
丹州　唐曰丹州。宋因之，領宜川等縣三。○注：《九域志》一。	領　宜川

①陝：熙寧六年，省硤石縣為石壕鎮入焉。

②湖城：熙寧四年，省湖城縣入靈寶。元豐元年，復置湖城縣。

	延州　唐末保塞軍治。朱梁曰忠義軍。後唐曰彰武軍。宋仍曰延州，亦曰彰武軍。元祐四年，升為延安府，領膚施等縣七。又元豐七年，置綏德軍，即唐故綏州。崇寧四年，置銀州。明年，罷為銀州城。《宋志》：宋初有綏、銀、靈、夏、靜、鹽、宥、勝、會諸州。至道以後，漸沒于西夏。	領　膚施　延川　延長　門山　臨真　敷政　甘泉
	鄜州　唐末保大軍治。宋仍曰鄜州，亦曰保大軍，領洛交等縣四。	領　洛交　洛川　鄜城　直羅
	坊州　唐曰坊州。宋因之，亦曰中部軍郡使，領中部等縣二。	領　中部　宜君
	邠州　唐末為靜難軍治。宋仍曰邠州，亦曰靜難軍，領新平等縣五。○注：《九域志》四。	領　新平　宜祿　三水　永壽

	寧州　唐曰寧州。宋因之，亦曰興寧軍，領安定等縣三。○注：《九域志》四。	領　定安　定平　襄樂　真寧
	涇州　唐末為彰義軍治。宋仍曰涇州，亦曰彰化軍，領保定等縣四。○注：《九域志》三。	領　保定　靈臺　良原　長武①
	原州　唐曰原州。宋因之，領臨涇等縣二。	領　臨涇　彭陽 鎮二　新城　柳泉 寨五　西壕　開邊　平安綏寧　靖安
	慶州　唐曰慶州。宋因之，亦曰慶陽軍。宣和七年，升為慶陽府，領安化等縣三。又元符三年，置定邊軍，領定邊縣一。	領　安化　合水　彭原
	環州　石晉置威州。周曰環州，又降為通遠軍。宋淳化五年，復為環州，領通遠縣一。	領　通遠　即方渠。

①長武：原無。據《宋史·地理志》所載：『咸平四年，升長武鎮為縣。五年，省為砦，屬保定縣。大觀二年，復以砦為縣』，補。

渭州　唐原州地，後移渭州於此。宋因之，亦曰平涼軍，領平涼等縣五。又慶曆三年，置德順軍，領隴竿等縣一。○注：今靜寧州。元符二年，置西安州○注：今西安所。是年，又收復唐會州地，置會州。崇寧三年，置敷文縣為州治。

領　平涼　潘原　安化　崇信　華亭

儀州　後唐置羌州。宋曰儀州，領華亭等縣三。熙寧五年，省入渭州。

領　華亭　崇信　安化

鳳州　唐末感義軍治。前蜀為武興軍，兼領興、文二州。後唐廢。後蜀曰威武軍。宋仍曰鳳州，領梁泉等縣三。

領　梁泉　河池　兩當

階州　唐曰階州。宋因之，領福津等縣二。

領　福津　將利

成州　唐曰成州。宋因之。寶慶中，升為同慶府，領同谷等縣四。 〇注：《九域志》二。	領　同谷　栗亭
秦州　唐末天雄軍治。前蜀因之，改領階、成二州。後唐曰雄武軍。宋仍曰秦州，亦曰雄武軍，領成紀等縣四。又嘉定初，置天水軍，領天水縣一，寄治成州境內。九年，移治故天水縣。	領　縣四　成紀　天水　隴城　清水 監一　太平 城二　甘谷　伏羌〇注：熙寧二年①置伏羌，熙寧三年，以伏羌寨為城。 寨七　定西　三陽　弓門　靜戎　安遠　隴城　雞川
又，熙豐以後收復有：	
鞏州　唐故渭州。熙寧五年收復，置通遠軍。崇寧三年，升為鞏州，領隴西等縣三。	領　隴西　通渭②　寧遠 鎮一　威遠　城一　定西 寨六③　永寧　寧遠　後為縣　通渭　後為縣　熟羊　鹽川　通西
熙州　唐臨州地，陷于吐蕃。熙寧五年收復，置熙州，亦曰鎮洮軍，領狄道縣一。	領　狄道 寨一　康樂 堡八④　通谷　慶平　渭源　結河　南川　當川　南關　北關

①二年：《宋史·地理志》作『元年』。②通渭：《宋史·地理志》有永寧而無通渭。③寨六：原作『城六』，改。④堡八：《宋史·地理志》作『堡九』。除此處羅列八堡之外，另有臨洮。并載：『安羌城，宣和六年，賜熙河蘭廓路新建溢機堡名為安羌城，不知屬何州軍，姑附於此。廣平堡。』如此，似另有廣平堡。

河州　唐故州。熙寧六年收復，仍置河州，領枹罕縣一。九年，縣廢。崇甯四年，置寧河縣隸焉。	城一　定羌 寨二　南川　寧河 堡二①　東穀　潤精 關一　通會
蘭州　亦唐故州。元豐四年收復，仍置蘭州，領蘭泉縣一。	寨一　龕谷 堡四　東關　皋蘭　阿幹　西關
岷州　亦唐故州。熙寧六年收復，仍置岷州，領祐川等縣三。○注：《九域志》二。紹興初，沒于金。十二年，復得之，改置西和州，領長道等縣三。	領　長道　大潭 寨五　臨江　荔川　穬川　閭川　宕昌 堡三②　遮羊　穀藏　鐵城
洮州　亦唐故州。元符二年收復。大觀二年，仍置洮州。	
廓州　亦唐故州也。元符二年收復，曰寧塞城。崇寧三年，仍置廓州，領廣威縣一，旋廢。	《九域志》：列化外州，領三縣： 廣威　米川　達化

①堡二：《宋史·地理志》作「堡四」，為：東谷，閻精，西原，北河。②③堡三：原無「三」字，補。

	樂州　唐故鄯州地。元符二年收復，置湟州，亦曰嚮德軍。宣和初，改為樂州。	
	西寧州　唐鄯州。元符二年收復，仍置鄯州，亦曰隴右節度。崇寧三年，曰隴右都護府，又改鄯州為西寧州，後曰賓德軍，領湟水縣一，旋廢。又震武軍，本鄯州地，政和六年置。積石軍，本廓州地，大觀二年置。	
	保安軍　本唐延州永康鎮。宋置軍。○注：今保安縣。	寨二　德靖　順寧 堡一　園林
	鎮戎軍　唐原州舊治。宋至道二年置軍于此。○注：今為鎮原縣。又大觀二年，置懷德軍于平夏城。	城一　彭陽① 寨七　東山　乾興　天聖　三川　高平　定川　熙寧

①彭陽：《宋史·地理志》無彭陽，有金湯城。

開寶監　本鳳川兩當縣。建隆二年置銀冶。開寶五年，升為監。元豐中廢。

沙苑監　唐置沙苑馬監。宋因之。今同州朝邑南十七里有沙苑城。

淮南路　東至海，西距漢，南瀕江，北據淮。統州十七，軍四，監二。

揚州　唐淮南節度使治杨吴，曰江都府。南唐因之。宋仍曰揚州，亦曰淮南節度，領江都等縣三。又建隆初，置天長軍，至道初廢。建炎初復置，尋廢，以縣屬招信軍。○注：今天長縣。

堡二　開遠　張義

領　江都　天長　高郵

楚州　唐楚州。宋因之，領山陽等縣四。○注：《九域志》五。又寶慶三年，升寶應縣為州，即今高郵州屬縣。是年，又升州治山陽縣為淮安軍。景定初，改曰淮安州。又咸淳九年，置清河軍。○注：領清河縣。

領　山陽　漣水　寶應　鹽城　淮陰

濠州　南唐曰定遠軍。宋仍曰濠州，領鍾離等縣三。又寶祐五年，置懷遠軍，領金山縣一。

領　鍾離　定遠

壽州　淮南曰忠正軍。南唐曰清淮軍。五代周復曰忠正軍。宋仍曰壽州，亦曰忠正軍。政和六年，升為壽春府，領上蔡等縣五。乾道三年，府還治壽春，亦曰安豐軍，領壽春等縣四。政和八年，置六安軍，領六安縣一。紹興十二年，置安豐軍，領安豐等縣三。三十二年，領安豐縣一。乾道三年，軍廢。

領　下蔡　安豐　霍丘　壽春　六安

光州	唐曰光州。宋因之，亦曰光山軍。紹興二十八年，改曰蔣州，領定城等縣四。	領 定城 固始 光山 仙居
黃州	唐曰黃州。宋因之，領黃岡等縣三。	領 黃岡 黃陂 麻城
蘄州	唐曰蘄州。宋因之，領蘄春等縣五。○注：《九域志》四。	領 蘄春 蘄水 廣濟 黃梅 羅田②
舒州	南唐曰永泰軍。宋仍曰舒州，亦曰德慶軍，又為安慶軍。慶元初①，升安慶府，領懷寧等縣五。	領 懷寧 桐城 宿松 望江 太湖
廬州	淮南曰昭順軍。南唐曰保信軍。後周因之。宋仍曰廬州，亦曰保信軍，領合肥等縣三。又紹興十二年，置鎮巢軍，領巢縣一。	領 合肥 慎 ○注：後避孝宗諱，改梁縣。 舒城

①慶元初：原作『元初』，據《讀史方輿紀要》改。

②羅田：原無，據《宋史·地理志》補。

	和州　唐曰和州。宋因之，領歷陽等縣三。	領　歷陽　含山　烏江
	滁州　唐曰滁州。宋因之，領清流等縣三。	領　清流　全椒　來安
	海州　唐曰海州。宋因之，領朐山等縣四。端平二年，徙治東海縣。景定二年，復置西海州于朐山。宋末有東西二海州，謂此。	領　朐山　懷仁　沭陽　東海
	泗州　淮南曰靜淮軍。宋仍曰泗州，領臨淮等縣五。又建炎三年，置招信軍，領盱眙等縣二。鹹淳七年，置淮安軍，領五河縣一。	領　臨淮　盱眙　招信[①]
	亳州　唐曰亳州。宋因之，亦曰集慶軍，領譙縣等縣七。	領　譙城　父蒙城　酇　永城　衛真　鹿邑

①招信：《宋史·地理志》所列三縣為臨淮、虹、淮平。云：『虹，紹興九年，自宿州來隸。淮平，上。紹興二十一年，地入於金，析臨淮地置今縣。南渡後，有淮平無盱眙，蓋盱眙縣即招信軍也。』

	宿州　唐曰宿州。宋因之，亦曰保靜軍，領符離等縣四。	領　符離　蘄　臨渙　虹①
	泰州　南唐置泰州。宋因之，領海陵等縣四。	領　海陵　興化　泰興　如皋
	通州　五代周置。宋因之，領靜海等縣二。	領　靜海　海門
	建安軍　南唐為迎鑾鎮，屬揚州。乾德三年，置軍。大中祥符，升為真州，領揚子等縣二。	領　揚子　六合
	漣水軍　唐初置漣州，尋廢。宋太平興國三年，置軍，後廢置不一。景定初，升為安東州，領漣水縣一。	
	無為軍　本廬州城口鎮。淳化初置軍，領無為縣一，今廬州府無為州也。	領　無為　梁①　廬江

①虹：《宋史·地理志》有『靈壁』無『虹』。云：『元祐元年，以虹之零壁鎮為縣，七月，復為鎮。七年二月，零壁復為縣。政和七年，改零壁為靈壁。』①梁：《宋史·地理志》有『巢』無『梁』。注曰：『巢，望。至道二年，移治郭下。紹興五年廢，六年，復。十一年，隸廬州，十二年，復來屬。景定三年升軍，屬沿江制置使司。』

高郵軍　本揚州高郵縣。開寶四年置軍，後廢置不一。建炎四年，升為承州，尋廢，仍曰高郵軍，領高郵等縣二。

利豐監　本通州鹽場。宋置監於此。

海陵監　本泰州鹽場。宋置監於此，亦曰西溪鹽倉。

江南路　東限閩海，西界夏口，南抵大庾，北際大江。統州十四，軍六。

昇州　淮南曰建康軍，又為金陵府。南唐曰江寧府。宋仍曰昇州，亦曰建康軍。建炎三年，升為建康府，領上元等縣五。

領　上元　江寧　句容　溧水　溧陽

	太平州　南唐置新和州，又曰雄遠軍。宋改為南平軍。太平興國二年，升為太平州，領當塗等縣三。	領　當塗　蕪湖　繁昌
	宣州唐　末为為寧國軍治。宋仍曰宣州，亦曰寧國軍。乾道二年，升為寧國府，領宣城等縣六。	領　宣城　南陵　涇　寧國　旌德　太平
	歙州　唐曰歙州。宋因之。宣和三年，改為徽州，領歙縣等縣六。	領　歙　休寧　祁門　婺源　績溪　黟
	池州　南唐曰康化軍。宋仍曰池州，領貴池等縣六。	領　貴池　青陽　銅陵　建德　石埭　東流
	饒州　淮南曰安化軍。南唐曰永平軍。宋仍曰饒州，領鄱陽等縣六。	領　鄱陽　餘幹　浮梁　樂平　德興　安仁

	信州　唐曰信州。宋因之，領上饒等縣六。	信州〇注：即今廣[illegible]　弋陽　貴溪　鉛山　永豐
	撫州　淮南曰昭武軍，亦曰武威軍。宋仍曰撫州，領臨川等縣五〇注：《九域志》四。	領　臨川　崇仁　宜黃　場升為縣金溪　場升為縣樂安②
	江州　淮南曰奉化軍。宋仍曰江州。建炎初，曰定江軍，領德化等縣五。	領　德化　德安　瑞昌　湖口　彭澤③
	洪州　唐末為鎮南軍治。淮南、南唐因之①，後又升為南昌府。宋仍曰洪州，亦曰鎮南軍。隆興三年，升為隆興府，領南昌等縣八〇注：《九域志》七。	領　南昌　新建　奉新　豐城　分寧　武寧　靖安　進賢④
	袁州　唐曰袁州。宋因之，領宜春等縣四。	領　宜春　分宜　萍鄉　萬載

①淮南、南唐：原作淮南唐，據《讀史方輿紀要》改。②樂安：原無。據《宋史·地理志》補。原注：「紹興十九年置，割崇仁、吉水四鄉隸之。二十四年，以雲蓋鄉還隸永豐。」③彭澤：《宋史·地理志》於彭澤之後，另有廣寧。④進賢：原無。據《宋史·地理志》補。原注：「崇寧二年，以南昌縣進賢鎮升為縣。」

按：吉水本吉陽縣地，而今縣建置之始，諸書不載。宋白《續通典》云：『隋大業末分廬陵水東十一鄉為吉水縣。』然隋唐志俱不載。《九域志》則云：『宋太平興國九年以古吉陽縣地置。』馬端臨《文獻通考》又云：『雍熙元年置。』縣志則謂諸說皆非。曰：『南唐保大八年，割廬陵置吉水縣。見古圖經及《永豐曾氏宗譜》。』而縣之南華院藏楊吳順義七年稅帖，猶稱廬陵縣吉陽場，未為縣也。至周廣順二年《通鑒》書吉水人歐陽廣拜本縣令，是歲為南唐保大十年，在置縣之後二歲。又今觀音院有保大十年之帖及縣人周洽藏其八世祖顯德六年以後訴免役帖八通，皆用吉水縣印。而建隆三年韓熙載撰《僧元寂碑》、開寶四年徐鍇《銅岩觀記》，皆稱吉水縣，則不待興國雍熙而始置縣又明矣。其言獨有所據，故備錄之。

筠州	南唐置筠州。宋因之。寶慶初，改曰瑞州，領高安等縣三。	領　高安　上高　新昌
吉州	唐曰吉州。宋因之，領廬陵等縣八。	領　廬陵　吉水　安福　太和　龍泉　永新　永豐　萬安
虔州	淮南曰百勝軍。南唐曰昭信軍。宋仍曰虔州，亦曰昭信軍。紹興二十二年，改曰贛州，領贛縣等縣十。	領　贛　虔化　興國　信豐　雩都　會昌　瑞金　石城　安遠　龍南
廣德軍	唐初置桃州，後廢。宋太平興國四年，置軍，領廣德等縣二。	領　廣德　建平
南康軍	本江州星子縣。太平興國七年置軍，領星子等縣三。今南康府。	領　星子　建昌　都昌
興國軍	本鄂州永興縣。太平興國二年置永興軍。明年改曰興國軍，領永興等縣三。	領　永興　大冶　通山

	臨江軍　本筠州清江縣。淳化五年置軍，領清江等縣三。今臨江府。	領清江　新淦　新喻
	南安軍　本虔州大庾縣。淳化初置軍。領大庾等縣三。	領大庾　南康　上猶
	建昌軍　南唐曰建武軍。宋改曰建昌軍，領南城等縣二。	領南城　南豐
	湖南路　東據衡岳，西接蠻獠，南阻五嶺，北界洞庭。統州七，監一。	
	潭州　唐末武安軍治。周曰武清軍。宋仍曰潭州，亦曰武安軍，領長沙等縣十二。〇注：《九域志》十一。	長沙　衡山　安化　醴陵　攸　湘鄉　湘潭　益陽　瀏陽　湘陰　寧鄉　善化①

①善化：原無。據《宋史·地理志》補。原注：『元符元年，以長沙縣五鄉、湘潭縣兩鄉為善化縣。』

	衡州　唐曰衡州。宋因之，領衡陽等縣五。又紹興九年，置茶陵軍，兼領酃縣。	領　衡陽　茶陵　耒陽　常寧　安仁
	道州　唐曰道州。宋因之，領營道等縣四。○注：《九域志》三。	領　營道　江華　寧遠　永明①
	永州　唐曰永州。宋因之，領零陵縣等縣三。	領　零陵　祁陽　東安　埸升　為縣
	邵州　唐曰邵州。宋因之。寶慶初，升為寶慶府，亦曰寶慶軍，領邵陽等縣二。○注：《九域志》四。又崇寧五年，置武岡軍，領武岡等縣三。	領　邵陽　新化　武岡　蒔竹
	郴州　唐曰郴州。宋因之，領郴縣等縣四。	領　郴　桂陽　宜章　永興②

①寧遠：原無。據《宋史·地理志》補。

②永興：四縣之外，《宋史·地理志》云：『南渡後，增縣二：興寧，嘉定二年，析郴縣資興、程水二鄉置資興縣，後改今名。桂東。』

	全州　五代晉時馬氏置。宋因之，領清湘等縣二。	領　清湘　灌陽
	桂陽　監唐末置。宋因之。紹興三年，升為桂陽軍，領平陽等縣二。	領　平陽　藍山
	湖北路　東盡鄂渚，西控巴峽，南抵洞庭，北限荊山。統府一，州九，軍二。	
	江陵府　唐荊南軍治。宋仍曰江陵，亦曰荊南節度。建炎中，改為荊南府。淳熙中復故，領江陵等縣八。	領　江陵　公安　潛江　監利　松滋　石首　長林　當陽①
	鄂州　唐武昌軍治。淮南、南唐因之。宋仍曰鄂州，亦曰武清軍，尋復曰武昌軍，領江夏等縣七。○注：《九域志》八。又嘉定十五年，置壽昌軍，領武昌縣一。	領　江夏　崇陽　漢陽　武昌　蒲圻　咸寧　通城　嘉魚

①當陽：《宋史·地理志》無長林、當陽，另有枝江、建寧。

	岳州　唐曰岳州。宋因之，亦曰岳陽軍。紹興二十五年，改曰純州，又改軍曰華容，尋復舊，領巴陵等縣四。○注：《九域志》五。	領　巴陵　華容　平江　臨湘　沅江
	復州　唐曰復州。宋因之，領景陵等縣二。	領　景陵　玉沙
	安州　梁宣威軍治，兼領復、郢二州。後唐改曰安遠軍，晉廢。宋仍曰安州，亦曰安遠軍。宣和初，改為德安府，領安陸等縣五。	領　安陸①　景陵　應城　孝感　應山
	朗州　唐末為武平軍治。梁馬殷奏改永順軍。後唐復曰武平軍。宋仍曰朗州，亦曰常德軍。大中祥符五年，改為鼎州。乾道初，又并為常德府，領武陵等縣三。	領　武陵　桃源　龍陽

①安陸：熙寧二年，省雲夢縣為鎮入焉，元祐元年復雲夢縣。故《宋史·地理志》另列有雲夢縣。

	澧州　唐曰澧州。宋因之，領澧陽等縣四。	領　澧陽　安鄉　石門　慈利
	峽州　唐曰峽州。宋因之，領夷陵等縣四。	領　夷陵　宜都　長楊[2]　遠安
	歸州　唐曰歸州。宋因之，領秭歸等縣三。〇注：《九域志》二。	領　秭歸　巴東　興山[3]
	辰州　唐曰辰州。宋因之，領沅陵等縣四。	領　沅陵　漵浦　辰溪　盧溪
	沅州　本唐漵州[1]。宋初沒于蠻，訛為懿州。熙寧七年收復，仍曰沅州，領盧陽等縣四。〇注：《九域志》三。	城一　會溪 寨三　池蓬　鎮溪　黔安 領　沅州　盧陽　麻陽　黔陽
	漢陽軍　唐曰沔陽，後廢。五代周置漢陽軍。宋因之，領漢陽等縣二。	領　漢陽　漢川

①沅州：本作『又沅州』，附於辰州後。據《宋史·地理志》改。②長楊：原作『長陽』，據《宋史·地理志》《讀史方輿紀要》改。③興山：原無。據《宋史·地理志》補。原注：『秭歸，下。熙寧五年，省興山縣為鎮入焉；元祐元年復。……興山，開寶元年，移治昭君院。端拱二年，又徙香溪北。』

荊門軍　唐初置基州，後廢。五代時，高氏置荊門軍。宋因之，領長林等縣二。

領　長林　當陽

兩浙路　東至海，南接嶺島，西控震澤，北枕大江。統州十四，軍二。

杭州　唐末鎮海軍治。宋仍曰杭州，亦曰甯海軍。紹興四年，升為臨安府，領錢塘等縣九。

領　錢塘　仁和　餘杭　臨安　富陽　於潛　新城　鹽官　昌化

按：《通鑑》卷二百六十七有義和臨平鎮。注按仁和縣本錢塘縣，宋太平興國初改錢塘曰仁和。蓋亦先有義和地名，又避太宗藩邸舊名，遂改曰仁和也。

睦州　唐曰睦州。宋因之，亦曰遂安軍。宣和初，曰建德軍。三年，又改嚴州。咸淳初，升為建德府，領建德等縣六。

領　建德　清溪①　桐廬　分水　遂安　壽昌

①清溪：《宋史·地理志》作淳安。注曰：『淳安，望。舊青溪縣。宣和初，改淳化，南渡改今名。』

湖州　唐末置忠國軍。五代周時，吳越改為宣德軍。宋仍曰湖州，亦曰昭慶軍。寶慶初，又改安吉州，領烏程等縣六。

領　烏程　歸安　安吉　長興　德清　武康

秀州　五代晉時，吳越置秀州。宋因之。慶元初，升為嘉興府。嘉定初，又為嘉興軍節度，領嘉興等縣四。

領　嘉興　華亭　海鹽　崇德

蘇州　五代時吳越置中吳軍，治此，遥領常、潤二州。宋仍曰蘇州，亦曰平江軍。政和三年，升為平江府，領吳縣等縣六。〇注：《九域志》五。

領　吳　長洲　昆山　常熟　吳江　嘉定①

《九域志》注云：『偽唐中吳軍節度。』按：《五代史記·職方考》，蘇州屬吳越，不屬南唐。《舊五代史唐紀》同光二後有知蘇州中吳軍軍州事。錢元璙則偽之，當是後字之訛。又元柳貫跋吳越國富韜等中吳軍長洲令墨制曰：『蘇于三吳百中。』豈當時嘗升為軍額而地志遺之與？知柳氏所考，容有未悉也。

常州　唐曰常州。宋因之，領武進等縣四。又德祐初，置南興軍，領宜興縣一。

領　晉陵　武進　無錫　宜興　江陰

①嘉定：原無。據《宋史·地理志》補。

潤州　唐鎮海軍治，後移治杭州。淮南復置鎮海軍于此。宋仍曰潤州，亦曰鎮江軍。政和三年，升為鎮江府，領丹徒等縣三。

領　丹徒　丹陽　金壇

越州　唐末鎮東軍治。宋仍曰越州，亦曰鎮東軍。紹興初，升為紹興府，領會稽等縣八。

領　會稽　山陰　剡[1]　諸暨　餘姚　上虞　蕭山　新昌

婺州　五代晉時，吳越置武勝軍。宋仍曰婺州，領金華等縣五。○注：《九域志》七。

領　金華　東陽　義烏　蘭溪　永康　武義　浦江

衢州　唐曰衢州。宋因之，領西安等縣五。

領　西安　江山[2]　龍遊　常山[3]　開化

處州　唐曰處州。宋因之，領麗水等縣六。

領　麗水　龍泉　松陽　遂昌　縉云　青田

①剡：《宋史·地理志》無『剡』有『嵊』。曰：『嵊，望。舊剡縣，宣和三年改。』②江山：《宋史·地理志》無『江山』有『禮賢』。曰：『禮賢，緊。本江山縣，南渡後改。』③常山：《宋史·地理志》無『常山』有『信安』。曰：『信安，中。本常山縣，咸淳三年改。』

溫州　五代晉時，吳越置靜海軍。宋仍曰溫州。政和七年，升為應道軍節度。建炎初，罷軍額。咸淳初，升為瑞安府，領永嘉等縣四。

台州　唐末曰德化軍。宋仍曰台州，領臨海等縣五。

明州　五代梁時，吳越置望海軍。宋仍曰明州，亦曰奉國軍。紹熙二年，升為慶元府，領鄞縣等縣五。

江陰軍　淮南置。宋因之，領江陰縣一。今屬常州府。

順化軍　吳越置衣錦軍。宋改。太平興國三年，以順化軍領臨安縣一。五年，廢。

領　永嘉　平陽　睿安　樂清

領　臨海　黄巖　寧海　天臺　仙居

領　鄞　奉化　慈溪　定海　象山　昌國

福建路　東南際海，西北據嶺。統州六，軍二。

福州　唐末威武軍治。五代周時，吳越改曰彰武軍。宋仍曰福州，亦曰威武軍。德祐二年，升福安府，領閩縣等縣十二。

領　閩　侯官　福清　懷安　長溪　連江　古田　長樂　永泰○注：後避哲宗諱，改永福。　閩清　羅源　寧德

建州　唐曰建州。五代時王延政曰鎮武軍。南唐曰永安軍，又改曰忠義軍，兼領汀、建二州。宋仍曰建州，亦曰建寧軍。紹興三十二年，升為建寧府，領建安等縣七。○注：《九域志》六。

領　建安　建陽①　浦城　崇安　關隸②　松溪　甌寧③

泉州　唐曰泉州。五代晉時，南唐置清源軍，兼領漳州。宋仍曰泉州，亦曰平海軍，領晉江等縣七。

領　晉江　南安　同安　惠安　永春　安溪④　德化

①建陽：景定元年改為嘉禾。　②關隸：《宋史·地理志》：「政和，[緊]。咸平三年，升關隸鎮為縣。政和五年，改關隸為政和縣。」　③甌寧：原無，據《宋史·地理志》補。熙寧三年廢，元祐四年復。　④安溪：《宋史·地理志》有「安溪」無「清溪」。

	漳州　唐漳州。南唐改曰南州。宋仍曰漳州，領龍溪等縣四。	領　龍溪　漳浦　龍巖　長泰
	汀州　唐曰汀州。宋因之，領長汀等縣五。○注：《九域志》四。	領　長汀　寧化　上杭　武平[①]
	南劍州　五代晉時，王延政置鐔州。南唐曰劍州。宋曰南劍州，領劍浦即王延政所置龍津縣等縣五。	領　劍浦　將樂　尤溪　沙　順昌
	興化軍　本泉州之游洋鎮。太平興國四年，置太平軍，尋改曰興化。德祐二年，升為興安州，領莆田縣三。	領　莆田　仙遊　興化
	邵武軍　本建州之邵武縣。太平興國四年，置軍，領邵武等縣四。	領　邵武　光澤　歸化[②]　建寧

①南渡後，增縣一：蓮城。本長汀蓮城堡，紹興三年升縣。

②歸化：《宋史·地理志》有『泰寧』無『歸化』。云：『泰寧，望。南唐歸化縣。元祐元年，改為泰寧。有累砌金場、江源銀場。』

西川路 東距峽江，西控生番，南環瀘水，北阻岷山。統府一，州二十四，軍三，監一。

成都府 唐西川節度治。太平興國四年，仍曰益州。端拱初，復為成都府，亦曰劍南西川節度，領成都等縣九。

領 成都 華陽 新都 郫 雙流 溫江 新繁 廣都 靈泉

蜀州 唐曰蜀州。宋因之。紹興十年，升崇慶軍節度。淳熙四年，升為崇慶府，領晉源等縣四。

領 晉源 新津 江源 永康 青城[1]

彭州 唐末為威戎軍治。宋仍曰彭州，亦曰蒙陽郡，領九隴等縣三。○注：《九域志》四。

領 九隴 永昌 濛陽 導江

漢州 唐曰漢州。宋因之，領雒縣等縣四。

領 雒 什邡 綿竹 德陽

①青城：《宋史·地理志》無。於永康軍下錄青城，注曰：『青城，望。乾德中，自蜀州來隸。熙寧五年軍廢，還隸蜀州，不知何年復來隸。』

綿州　唐曰綿州。宋因之，領巴西等縣五。○注：《九域志》八。又政和七年，置石泉軍，領石泉等縣三。

領　巴西　彰明　魏成[1]　羅江　神泉　龍安　鹽泉　石泉

梓州　唐東川節度治。前蜀曰武德軍。宋仍曰梓州，亦曰靜戎軍，又為靜安軍，尋為劍南東川節度。重和初，升為潼川府，領郪縣等縣九。

領　郪　中江　涪城　射洪　鹽亭　通泉　飛烏　銅山　東關[2]

遂州　唐末為武信軍治。後蜀因之。宋仍曰遂州，亦曰武信軍。政和五年，升為遂寧府，領小溪等縣五。

領　小溪　蓬溪　長汀　青石　遂寧

榮州　唐曰榮州。宋因之。紹熙初，改紹熙府，領榮德等縣四。

領　榮德　威遠　資官　應靈

①魏成：《宋史·地理志》作『魏城』。　②東關：《宋史·地理志》另有『永泰』。注曰『本尉司，南渡後為縣。』

	簡州　唐曰簡州。宋因之，領陽安等縣二。	領　陽安　平泉
	資州　唐曰資州。宋因之，領磐石等縣四。	領　磐石　資陽　龍水　内江
	陵州　唐曰陵州。宋因之。熙寧五年，廢為陵井監。宣和四年，改曰仙井監。隆興初，改曰隆州，領仁壽等縣二。	領　仁壽　井研
	普州　唐曰普州。宋因之，領安嶽等縣三。	領　安岳　安居　樂至
	果州　後蜀置永寧軍于此，兼領通州。宋仍曰果州。寶慶三年，升為順慶府，領南充等縣三。	領　南充　西充　相如[①]

①相如：《宋史・地理志》無『相如』有『流溪』。

合州 唐曰合州。宋因之，領石照①等縣五。

領 石照 漢初 巴川 赤水 銅梁

昌州 唐曰昌州。宋因之，領大足等縣三。

領 大足 昌元 永川

瀘州 唐曰瀘州。宋因之，亦曰瀘州軍。景定二年，改曰江安州，領瀘川等縣三，兼領羈縻州十八。又熙寧八年，置淯井監。政和四年，升為長寧軍。大觀三年，置純州，領九支等縣二。又置磁州，領承流等縣二。宣和三年，二州俱廢。○注：今瀘州西南境有九支、承流等廢縣。

領 瀘川 江安 合江②
監二 淯井 南井
城一 樂共③

戎州 唐曰戎州。宋因之。政和四年，改曰敘州，領宜賓等縣四。○注：《九域志》二。兼領羈縻州三十。

領 僰道④ 南溪 宣化 慶符⑤

①石照：即唐州，治石鏡縣。 ②南渡後，增縣一：納溪。皇祐三年，納溪口置砦。紹定五年，升為縣。據《宋史·地理志》。 ③樂共：《宋史·地理志》作『城三』，另有九支城、武都城。 ④僰道：《宋史·地理志》作『宜賓』。云：『宜賓，中。唐義賓縣。太平興國元年改。熙寧四年，省宜賓入僰道為鎮。政和四年，改僰道為宜賓。』 ⑤宣化慶符：原無，據《宋史·地理志》補。

眉州　唐曰眉州。宋因之，領眉山等縣四。	邛州　唐末為永信軍治。宋仍曰邛州，領邛縣等縣六。	嘉州　唐曰嘉州。宋因之。慶元二年，升為嘉定府，又為嘉慶軍，領龍游等縣五。	雅州　後蜀置永信軍于此，兼領黎、邛二州。宋仍曰雅州，領嚴道等縣五。○注：《九域志》四。并羈縻州四十四。	黎州　唐曰黎州。宋因之，領漢源等縣二。○注：《九域志》一。兼領羈縻州五十四。
領　眉山　彭山　丹稜　青神	領　臨邛　依政　安仁　大邑　蒲江　火井	領　龍遊　洪雅　夾江　峨眉　犍為	領　嚴道　盧山　名山　滎經　百丈①　場一　茶	領　漢源②

①百丈：原無，據《宋史·地理志》補。

②漢源：《宋史·地理志》云：『漢源。下。慶曆六年，廢通望縣入焉。舊廢飛越縣有博易務。』由是可知，所謂黎州領縣二，當指漢源與通望。

茂州　唐曰茂州。宋因之，領汶山等縣二，兼領羈縻州十。又熙寧十年，置威戎軍，領汶川縣一。政和七年，改曰威寧軍。宣和三年，廢。

領　汶山　汶川

寨一　鎮羌

關一　雞宗

維州　唐曰維州。宋因之。景德三年，改曰威州，領保寧等縣二[1]，并羈縻保、霸二州。二州本唐故州。政和四年，于保州改置祺州，領春祺縣一。又于故霸州改置亨州，領嘉會縣一。宣和三年，二州俱廢。

《九域志》作威州[2]。領　保寧　通化

渠州　唐曰渠州。宋因之，領流江等縣三。領流江鄰水鄰山永康軍　唐置鎮靜軍。後蜀曰灌州。乾德四年，改為永安軍。太平興國三年，曰永康軍，領導江等縣二[2]。導江，今成都府灌縣也。

領　流江　鄰水　鄰山

①保寧：即唐州治薛城縣。　②導江：《讀史方輿紀要》：『今成都府灌縣也。』　③威州：《宋史·地理志》亦作『威州』。

懷安軍　本簡州金水縣。乾德五年，置懷安軍，領金水等縣二①。

領　導江青城③

廣安軍　唐為渠州渠江縣。宋開寶二年，置軍。咸淳三年，改曰寧西，領渠江等縣三②。○注：今慶安州。

領　渠江岳池新明④

富順監　唐瀘州富義縣。宋乾德四年，升為富義監，掌鹽利。太平興國初，改曰富順，領富順縣一。○注：熙寧初廢。

鎮十三　戰井　㟧井　方灘　羅井　新栅　真溪　臨江　鄧井　鼓井　賴井　茆頭　賴易　高市

井一　鹽井

峽西路　東接三峽，西抵陰平，南扼群獠，北連大散。統府一，州二十，軍二，監一。

①金水：《讀史方輿紀要》：『今成都府新都縣東南七十裡廢縣是也。』②渠江：今慶安州，《讀史方輿紀要》作：『順慶府廣安州也。』③領導江青城：原無，據《宋史·地理志》補。④南渡後，增縣一：和溪。據《宋史·地理志》。

興元府　唐山南西道治。前蜀曰天義軍，旋復故。宋仍曰興元府，亦曰山南西道節度，領南鄭等縣四。又至道二年，置大安軍，領三泉縣一。三年軍廢，紹興三年復置。

領　南鄭　城固　褒城　西①

洋州　唐末武定軍治。後蜀曰源州。宋仍曰洋州，亦曰武定軍，尋改曰武康軍，領興道等縣三。

領　興道　西鄉　真符

利州　唐末昭武軍治。前、後蜀皆因之。宋仍曰利州，亦曰昭武軍，又改為寧武軍，領綿谷等縣四。

領　綿谷　葭萌　嘉川　昭化

興州　唐曰興州。宋因之。開禧三年，改為沔州，領順政等縣二。

領　順政　長舉

①南渡後，增縣一：廉水。據《宋史·地理志》。

	閬州　後唐置保定軍治此，兼領果州。後唐因之，改領劍州。宋仍曰閬州，亦曰安德軍，領閬中等縣七。	領　閬中　蒼溪　南部　新井　奉國　新政　西水
	劍州　唐曰劍州。宋因之。紹興二年，升普安軍節度。紹熙初，又升為隆慶府，領普安等縣六。	領　普安　梓潼　陰平　武連　普成　劍門
	文州　唐曰文州。宋因之，領曲水縣一。	領　曲水
	龍州　唐曰龍州。宋因之。政和五年，改曰政州。紹興初，復曰龍州，領江油等縣二。	領　江油　清川
	巴州　唐曰巴州。宋因之，領化成等縣五。	領　化城　難江　恩錫　曾口　通江

	集州　唐曰集州。宋因之，領難江等縣三。熙寧五年，廢。入巴州。	
	蓬州　唐曰蓬州。宋因之，領蓬池等縣四①。	領　蓬池　儀隴　營山　伏虞④
	壁州　唐曰壁州。宋因之，領通江等縣三②。熙寧五年，廢。入巴州。	
	渝州　唐曰渝州。宋因之。崇寧初，改曰恭州。淳熙初，升為重慶府，領巴縣等縣三。又熙寧八年，置南平軍，領南川等縣二。〇注：即唐故南州。大觀二年，置溱州，領溱溪等縣二③。宣和二年，州廢。〇注：南、溱等州宋時俱為羈縻州。	領　巴　江津　壁山 南平軍領　南川　隆化

①蓬池：《讀史方輿紀要》：「蓬池，即唐州治大寅縣也。」 ②通江：《讀史方輿紀要》：「通江，即唐州治諸水縣。」 ③溱溪：《讀史方輿紀要》：「溱溪，即唐故溱州治營懿縣也。」 ④伏虞：《宋史・地理志》：「南渡後，增縣二：良山，中下，建炎二年復。相如。」

夔州　前蜀為鎮江軍治，兼領忠、萬、施三州。後唐改曰寧江軍。後蜀因之。宋仍曰夔州，亦曰寧江軍，領奉節等縣二。

領　奉節　巫山

忠州　唐曰忠州。宋因之。咸淳初，升為咸淳府，領臨江等縣三。〇注：《九域志》四。

領　臨江　墊江　南賓①

萬州　唐曰萬州。宋因之，領南浦等縣二。

領　南浦　武寧

開州　唐曰開州。宋因之，領開江等縣二。

領　開江　萬歲

達州　唐曰通州。乾德三年，改曰達州，領通川等縣六。〇注：《九域志》五。

領　通川　巴渠　永睦　新寧　東鄉②

院一　明通〇注：偽蜀催科稅賦之地，宋因之。

①南渡後，增縣二：豐都、龍渠。

②南渡後，增明通縣。《宋史·地理志》作通明縣，誤。

涪州　前蜀移置武泰軍于此，兼領黔州。宋仍曰涪州，領涪陵等縣三。	領　涪陵　樂溫　武龍
施州　唐曰施州。宋因之，領清江等縣二。	領　清江　建始
黔州　唐末武泰軍治此。宋仍曰黔州，亦曰武泰軍。紹定初，升為紹慶府，領彭水等縣二，羈縻州四十九。	領　彭水　黔江
珍州　本唐故州也。大觀二年，開蠻地，復置，領樂源縣一①。又置承州，即唐故夷州，領綏陽等縣五。宣和三年，州廢。又置遵義軍，領遵義縣〇注：唐故縣一。宣和三年廢。思州，亦唐故州。政和八年復置，領務川等縣三。播州，亦唐故州，大觀	

①樂源：《讀史方輿紀要》：『樂源，即唐州治營德縣也。』

三年復置，領播州等縣三。宣和三年，播州廢。端平以後復置，尋又廢。嘉熙三年又復置。

雲安軍　本夔州雲安縣。開寶六年置軍，領雲安縣一。

梁山軍　本萬州屯田務。開寶二年置軍，領梁山縣一①。

大寧監　唐夔州地。開寶六年置，兼領大昌縣一。○注：今屬夔州府。

廣東路　東南據大海，西北距五嶺。統州十六。

廣州　唐末清海軍治。宋仍曰廣州，亦曰清海軍，領南海等縣八。○注：《九域志》七。

領　南海　番禺　清遠　增城　懷集　東莞　新會　信安②

①梁山：《讀史方輿紀要》：『梁山，今屬夔州府。』　②信安：據《宋史·地理志》補。又《宋史·地理志》云：『南渡後，無信安，增縣一：香山。紹興二十二年，以東莞香山鎮為縣。』

	連州　唐曰連州。宋因之，領桂陽等縣三。	領　桂陽　陽山　連山
	韶州　唐曰韶州。宋因之，領曲江等縣五。○注：《九域志》四。	領　曲江　翁源　樂昌　仁化　建福②
	南雄州　南漢置雄州。開寶四年，曰南雄州，領保昌等縣二。	領　保昌　始興
	英州　南漢置州。宋因之。慶元四年，升為英德府，領湞陽○注：乾興元年改為真陽等縣二。	領　真陽　浛光
	楨州　唐曰循州。南漢曰楨州。宋因之。天禧中，改曰惠州，領歸善等縣四。	領　歸善　河源　博羅　海豐
	循州　南漢改置于此。宋因之，領龍川等縣三。	領　龍川　興寧　長樂

①建福：據《宋史・地理志》補。又《宋史・地理志》云：『南渡後，無建福，增縣一：乳源。』

	梅州　南漢置敬州。宋開寶四年，改曰梅州，領程鄉縣一。	
	端州　唐曰端州。宋因之，亦曰興慶軍。重和初，升為肇慶府，亦曰肇慶軍，領高要等縣二。	領　高要　四會
	潮州　唐曰潮州。宋因之，領海陽等縣三。○注：《九域志》二。	領　海陽　潮陽　揭陽①
	康州　唐曰康州。宋因之。紹興初，升為德慶府。又為永慶軍節度，領端溪等縣二。	領　端溪　瀧水
	新州　唐曰新州。宋因之，領新興縣一。	
	春州　唐曰春州。宋因之，領陽春縣一。熙寧六年，州廢。	

①揭陽：原無，據《宋史·地理志》補。《宋史·地理志》載：『揭陽，宣和三年，割海陽三鄉置揭陽縣。紹興二年，廢入海陽。八年復，仍移治吉帛村。是謂三陽。』

恩州　唐曰恩州。宋因之。慶曆八年，曰南恩州，領陽江等縣二。

領　陽江　陽春

封州　唐曰封州。宋因之，領封川等縣二。

領　封川　開建

賀州　唐曰賀州。宋因之，領臨賀等縣三①。

領　臨賀　富川　桂嶺

廣西路　東北距嶺，南控交趾，西撫蠻獠。統州二十六。

桂州　唐末為靜江軍治。宋仍曰桂州，亦曰靜江軍。紹興三年，升為靜江府，領臨桂等縣十一。○注：《九域志》十。

《九域志桂州注》下有開寶五年省義寧縣入廣州新會縣云云。按地道廣州西北至桂州千有餘里。義寧雙在桂州西北，其縣不得改隸廣州。考本志廣州自有義寧于開寶五年廢，入省會，六年復置。其後改為信安。又改隸新州。志于廣州信安縣入新興，知新寧之地。而桂州之義寧，則自湖南馬氏置縣以來，未經他屬也。《九域志》『開寶五年』云云，疑因縣名偶同而據廣州之文而誤入也。

領　臨桂　興安　靈川　陽朔②　荔浦　永福　義寧　脩仁　理定　古永寧③
○注：南渡後，無永寧縣。

昭州　唐曰昭州。宋因之，領平樂等縣四。

領　平樂　立山　龍平　恭城

①賀州南渡後，屬廣西路。　②陽朔：《宋史・地理志》無。　③永寧：原無，據《宋史・地理志》補。《宋史・地理志》又曰：『南渡後，無永寧縣。』

	梧州　唐曰梧州。宋因之，領蒼梧縣一。	
	龔州　唐曰龔州。宋因之，領平南等縣三。○注：《九域志》一。紹興六年，廢，入潯州。	
	藤州　唐曰藤州①。宋因之，領鐔津等縣二。	領　鐔津　岑溪
	白州　唐曰白州。宋因之，領博白縣一。紹興六年，廢入鬱林州。	
	容州　唐末爲寧遠軍宋仍曰容州亦曰寧遠軍領普寧縣三②。	領　普寧　陸川　北流
	鬱林州　唐曰鬱林州。宋因之，領南流等縣二③。	領　南流　興業

①藤州：《宋史·地理志》作『籐州』。　②普寧：今廣西壯族自治區玉林市容縣。　③南流：《讀史方輿紀要》：『南流，今郁林州治也。』

	潯州　唐曰潯州。宋因之，領桂平縣一。	
	橫州　唐日棣州。宋因之，領寧浦等縣二。○注：《九域志》。	領　寧浦　永定[2]
	貴州　唐曰貴州。宋因之，領鬱林縣一。	領　寧浦
	邕州　唐末嶺南西道節度治。梁時，嶺南奏置建武軍。宋仍曰邕州，亦曰建武軍，領宣化等縣二，羈縻州四十四。	領　宣化　武緣 寨一　太平
	賓州　唐曰賓州。宋因之，領領方等縣三。	領　領方　遷江　上林
	象州　唐曰象州。宋因之，領陽壽等縣四。○注：《九域志》三[1]。	領　陽壽　來賓　武化[3]　武仙

①陽壽：《讀史方輿紀要》：「陽壽，今象州治也。」　②永定：原無，據《宋史・地理志》補。《宋史・地理志》載：「永定，下。開寶六年，廢巒州武靈、羅竹二縣入焉。熙寧四年，省入寧浦。元祐三年復置，後更名永淳。」　③武化：原無，據《宋史・地理志》補。《宋史・地理志》載：「南渡後，無武化縣。」

柳州　唐曰柳州。宋因之，領馬平等縣三。

領　馬平　洛容　柳城

融州　唐曰融州。宋因之，亦曰清遠軍，領融水等縣二。○注：《九域志》一。羈縻樂善州一①。又崇寧四年，開蠻地置懷遠軍，尋升為平州，領懷遠縣一②。又置允州，領安口縣一③。格州，領樂古縣一。

領　融水⑦　寨一　融江
堡三　臨溪　文村　潯江

宜州　唐曰宜州。宋因之，亦曰慶遠軍。咸淳初，升為慶遠府，領龍水等縣四。○注：《九域志》五。兼領羈縻州、軍、監十三。又大觀初，開蠻地置庭州，領懷恩縣一④。孚州，領歸仁縣一⑤。又于羈縻南丹州，改置觀州，四年，移州治高峰寨，今慶遠府南丹州也，州東有高峰寨⑥。

領　龍水　忻城　天河　思恩　河池

按：王存《九域志》宜州縣下注云：『治平二年，以羈縻智州可地縣隸州，省富力縣入焉。』按當州列縣中無可地之縣。考羈縻州廣南路智州領縣五，有富力，無可地。即遍考各州縣，亦無縣名可地者。惟金城州內有河池縣。知可地實為河池之誤。此當云以金城州河池縣隸州，省富力縣入焉。

①樂善：《讀史方輿紀要》：『今融縣北廢樂善寨是。』②懷遠：《讀史方輿紀要》：『今柳州府懷遠縣是也。』③安口：《讀史方輿紀要》：『在今懷遠縣西。』④懷恩：《讀史方輿紀要》：『今慶遠府河池州是也。』⑤歸仁：《讀史方輿紀要》：『在今慶遠府那地州東。』⑥帶溪：《讀史方輿紀要》：『今河池州思恩縣北有廢溪州。』⑦《宋史·地理志》：『南渡後，增縣一：懷遠。』

其後廢置不一。時又置兌州，領萬松縣一；隆州，領興隆縣一。宣和三年俱廢，以其地隸邕州。又《宋志》：『崇寧五年，蘭州、文州、那州、地州亦俱來納土。』今并為慶遠府之那地州。《會要》云：『大觀初，置黔南路，領融、柳、宜、平、允、從、孚、庭、觀九州。』蓋蘭、文諸州，仍為羈縻州也。

高州　唐曰高州。宋因之，領電白等縣三。

領　電白　信宜　茂名

化州　唐曰辨州。宋太平興國五年，改曰化州，領石龍等縣二。

領　石龍　吳川①

雷州　唐曰雷州。宋因之，領海康縣一。

①《宋史·地理志》：『南渡後，增縣一：石城。』

	廉州　唐曰廉州。宋因之。太平興國三年，降為太平軍。咸平初，復故，領合浦等縣二。	領　合浦　石康
	欽州　唐曰欽州。宋因之，領靈山等縣二。	領　靈山　安遠
	瓊州　唐曰瓊州。宋因之，領瓊山等縣四。○注：《九域志》五。又大觀初，置鎮州于黎母山，亦曰靖海軍，領鎮寧縣一。政和初廢，因以瓊州為靖海軍。	
	儋州　唐曰儋州，又曰昌化郡。宋因之。熙寧六年，降為昌化軍。紹興三年，改曰南寧，領宜倫等縣三。	領　瓊山澄邁文昌臨高樂會
	萬安州　唐曰萬安州。宋因之。熙寧七年，降為萬安軍，領萬寧等縣三。	領　宜倫　昌化　感恩 領　萬寧　陵水

崖州　唐曰崖州。宋因之。熙寧六年，降為朱崖軍。紹興十三年，改曰吉陽軍，領寧遠等縣二。甯遠，本唐振州治也。又大觀初，置延德軍，領通遠等縣二。①政和初軍廢。

凡府、州、軍、監三百二十一，縣一千一百六十二，羈縻州縣不與焉。東、南皆至海，西盡巴、僰，北極三關②。東西六千四百八十五里，南北一萬一千六百二十里。

○注：司馬光曰：『自周室東遷，王政不行，諸侯逐鹿，凡百五十年而合于秦。秦虐用其民，十有一年，而天下亂，又八年而合於漢。漢為天子，二百有六年，而失其柄。王莽盜之，十有七年，而復為漢。光武誅除僭偽，凡十有四年，然後能一之。』又一百五十三年，董卓擅朝，州郡更相吞噬。至于魏氏，海內三分，凡九十有一年，而合于晉。晉得天下，才二十年，惠帝昏愚，群夷乘釁，遂散為六七，聚為二三，凡二百八十有八年，而合于隋。隋得天下，才二十八年，

鎮二　臨川　藤橋③

①延德、通遠：《讀史方輿紀要》：『今崖州感恩縣境有廢延德縣及廢通遠寨。』　②三關：《讀史方輿紀要》：『見周世宗北莫三關。』指周世宗伐遼所奪益津、瓦橋、淤口。　③南渡後，崖州領縣二：寧遠、吉陽。據《宋史·地理志》。

煬帝無道，九州幅裂，八年而天下合于唐。唐得天下，一百三十年，明皇恃其承平，荒于酒色，漁陽竊發，四海橫流。肅、代以降，方鎮跋扈，陵遲至于五代，朝成夕敗，有如逆旅。太祖起而振之，東征西伐，大勳未集，太宗嗣而成之，凡二百二十有五年，然後大禹之跡，復混而為一。由是觀之，上下一千七百餘年，天下一統者，五百餘年而已。

然契丹未静，夏孽方張。東北常以關南①、瀛州②、常山、棣州、雁門為重鎮，西北常以鄜、延、環、慶、原、渭為重鎮③。

西夏元昊　宋仁宗天聖九年嗣立，盡取河西地，據有夏、寧、綏、宥、静、靈、鹽、勝、會、甘、涼、肅、瓜、沙等州，又增置洪、○注：今鎮番衛西，唐置洪池府兵於此。定、○注：唐定遠城。威、○注：即唐大中間所置。龍等州○注：在今榆林衛西。時又置韋州，亦曰静塞軍，今韋州所。及寶元初，僭稱帝，國號夏，都興慶。

元昊之先，本黨項別部，姓拓跋。唐僖宗丙午，宥州刺史拓跋思恭，與諸鎮平朱玫之亂，賜姓李，節度夏、銀、綏、宥、静五州。傳弟思諫。思諫卒，思恭之孫彝昌襲，被殺。族子仁福立，封朔方王，傳子彝超。至彝興立。封西平王，立，宋追封夏王。子克睿立，傳繼筠。繼捧以宋太宗壬午納土歸朝，凡據鎮九十。七年，其族弟繼遷複據地斤澤以叛。數寇邊。尋請降，賜名趙保吉。至道二年，複授以定難節度使，割夏、綏、銀、

①關南：高陽關南，亦曰順安軍，見河北路。②瀛州：河間。③《讀史方輿紀要》：『慶曆初，以夏人為患，分陝西為四路：曰鄜延，治延州；曰環慶，治慶州；曰涇原，治渭州；曰秦鳳，治秦州，皆以重臣鎮守。八年，又分河北為四路：曰定州，曰高陽，曰大名，曰真定，以厚邊防。』

○注：今寧夏鎮城。先是乾興二年，趙德明築靈州懷遠鎮為興州，自靈州徙居之。元昊改曰興慶府，亦曰中興府。阻河，依賀蘭山為固。以興州為西京，靈州為東京。

其地東據河，西至玉門，南臨蕭關，北控大漠，延袤萬里。分置一軍于河北，以備契丹。于河南置鹽州路，以備原、慶、環、渭。左廂曰宥州路，以備鄜、延、麟、府。右廂曰甘州路，以備吐蕃、回紇。

熙寧以後，又定天下為二十三路，徒形紛更。自王安石柄用，喜言邊功，而種諤取綏州，韓絳取銀州，王韶取熙、河，章惇取懿、○注：即沅州。洽州、○注：本作峽，羈縻鑾州也。謝景溫取徽○注：今綏寧縣。誠。○注：今靖州，唐時羈縻溪洞。熊本取南平，○注：即南平軍。郭逵取廣源，○注：在今安南境內。李憲取蘭州，沈括取葭蘆四寨。○注：一葭蘆、一米脂、一細浮圖，宋謂之克戎城、一安疆。繼以王贍取邈川。○注：即

宥、靜五州與之。既而復叛。咸平五年，陷靈州，遂略有朔方地。六年，又陷西涼，為朔方節度使潘羅支擊敗之，走死。子德明嗣，請降，詔以為定難節度使，封夏王。未幾，卒，子元昊嗣，稱帝，國號夏。自元昊至德旺，傳九世，國亡。

湟州、青唐、○注：即鄯州。寧塞、○注：即廓州。龍支、○注：亦曰宗哥城①，王厚復湟、鄯。數十年中，建州、軍、關、城、寨、堡不可勝紀。逮建燕山、云中兩路，而禍變旋作。

宣和四年，與女真平遼詔，以山前諸州置燕山府路。統府一，曰燕山。○注：即唐幽州，契丹謂之燕京，宋改曰燕山府。州九，曰涿、檀、薊、順、易、平、營、景、○注：契丹置。經。○注：亦契丹置。山後諸州置雲中府路。○注：時未能得其地，蓋預置以領之。統府一，曰雲中。○注：即唐之雲中，契丹之南京。州八，曰武、應、朔、蔚、奉聖、○注：即唐新州，契丹改曰奉聖。歸化、○注：即唐武州，契丹改曰歸化。儒、媯。七年，盡陷雲中、燕山州縣。

①《读史方舆纪要》：『在今西宁卫东南八十里。』

是時二帝北狩，高宗南渡。兩河淪陷，關輔雕殘。嗣後諸將戮力，恢復可待，而秦檜主和，班師喪地。其仇恥不復，湖山燕衎，良可嗤也。其輿地登于職方者，東盡明、越，西抵岷、嶓，南斥瓊、崖，北至淮、漢。紹興十一年，與金人分界。自散關及淮水中流以北，盡割畀金，于是棄京西唐、鄧二州。又割陝西商、秦之半，止存上津、豐陽、天水三縣及隴西、成紀餘地。又和尚、方山二原，亦歸于金。十六年，復割豐陽、乾祐二縣畀金[①]。自是遂為定界。

補短截長，分為十六路。

浙西　○注：統府三：臨安、平江、鎮江，州四：常、嚴、湖、秀。

浙東　○注：統府一：紹興，州六：婺、衢、處、溫、台、明。

①《讀史方輿紀要》：『上津，今鄖陽府屬縣，見前。豐陽，在今商州鎮安縣東南。乾祐，亦在鎮安縣南二十裡。俱廢縣也。』畀，原作界，據《讀史方輿紀要》改。

江東　○注：統府一：建康，州六：宣、池、徽、饒、信、太平也，軍二：廣德、南康。

江西　○注：統州七：洪、贛、袁、江、撫、筠、吉，軍四：興國、建昌、臨江、南安。

淮東　○注：統州六：揚、泰、真、滁、通、楚，軍二：高郵、招信。

淮西　○注：統府一：壽春，州七：舒、廬、和、濠、光、黄、蘄，軍二：六安、無為。

湖北　○注：統府二：荊南、德安，州十：鄂、岳、復、鼎、澧、歸、峽、辰、沅、靖，軍二：漢陽、荊門。

湖南　○注：統州七：潭、衡、道、永、邵、郴、全，軍三：武岡、桂陽、茶陵。

京西　○注：統府一：襄陽，州四：隨、房、均、郢，軍二：光化、棗陽。《宋史》：『京西南路舊有府一，州七，今所存止此，而京西北路則盡沒于金。』

成都　○注：統府一：成都，州十二：蜀、眉、嘉、漢、綿、邛、彭、黎、雅、簡、威、茂，軍二：永康、石泉，監一：仙井。

潼川　○注：統府二：潼川、遂寧，州九：瀘、資、普、敘、昌、合、渠、果、榮，軍三：懷安、廣安、長寧，監一：富順。

利州 ○注：統府一：興元，州十五：利、金、洋、興、鳳、閬、蓬、巴、劍、階、文、龍、西、和、成，軍二：天水、大安。

夔州 ○注：統州十一：夔、恭、達、忠、開、萬、涪、黔、施、播、思，軍三：云安、梁山、南平，監一：大寧。

福建 ○注：統州六：福、建、泉、汀、漳、南劍，軍二：興化、邵武。

廣東 ○注：統府二：肇慶、德慶，州十二：廣、韶、惠、潮、英、連、新、封、梅、循、南雄、南恩。

廣西 ○注：統府一：曰靜江，州二十一：昭、賀、梧、藤、容、郁林、潯、貴、横、邕、賓、象、柳、融、宜、化、高、雷、廉、欽、瓊，軍三：萬安、朱崖、南寧。

凡府、州、軍、監一百九十，縣七百有三，而武都、河池、興元、襄陽、鄂州、廬州、楚州、揚州皆為重鎮。

是時金亮南侵，臨江不返。諸將乘之，漸辟舊疆。而史浩識短，張浚慮疏，棄地喪師，卒堅初約。蒙古憑陵，金人南徙，遣將北討，殲厥世仇。蒙古憑陵，金人南徙，遣將北討，殲厥世仇。僅得唐、鄧二州地①。及議復三京而禍本成矣②。自是而後，蹂躪我川峽，搖盪我荊襄，芟夷我淮甸。繼以似道背盟③，襄樊失守。伯顏以偏師入臨安，大江以南，遂無立草。張、陸兩公④，艱難海上，迄無成功。天不祚宋，奈之何哉！

遼起自臨潢⑤。

阿保機西兼突厥，東并勃海，有城邑之居百有三。會中華衰亂，始有營、平二州地。梁貞明二年，稱帝，都臨潢，國號契丹，又改曰遼⑥。

契丹本匈奴，世居遼澤中，潢水南岸⑦，分為八部。唐貞觀末內屬，置松漠都督府，授其酋長，兼統諸州。時八部各置州授其別帥，而以大賀氏窟哥為松漠都督⑧。總諸州軍事。其後叛服

①《讀史方輿紀要》：『申州，本宋信陽軍。時又兼得息州，本宋蔡州新息縣，故曰唐、鄧二州。』 ②《讀史方輿紀要》：『宋因金亡，緣邊諸將，間收取淮北地。趙范、趙葵遂欲乘時撫定中原，建守河據關，收復三京之議。吳潛以為今日事勢，當以和為形，以守為實，以戰為應。河南空城，取之若易，守之實難，千里饋運，勢必難繼。方興之敵，氣盛鋒鋭，開釁致兵，非長計也。不聽。詔全子才自廬州趨汴，趙葵自滁州取泗州，由泗趣汴，與子才會，遂入汴。時金故將李伯淵等以汴京降。葵複遣徐敏子等先入洛，蒙古引兵南下，洛軍潰還。又決黃河寸金澱（在開封府北二十裡），灌汴軍，葵等棄城南還。蒙古以敗盟責宋，邊釁日滋矣。』 ③《讀史方輿紀要》：『賈似道時宣撫荊湖，亦遣使議和，請稱臣割地。忽必烈乃退，兀良合台亦解潭州圍，趨湖北，由新生磯渡江而去新生磯，在今蘄州西二裡。似道還朝，匿其謀。忽必烈既襲位，遣使征前議，皆拘執不遣。忽必烈怒，復謀南侵。』 ④張、陸：張世傑、陸秀夫。 ⑤臨潢：在大寧廢衛東北七百餘里，當朵顏衛北。其城南臨潢水。 ⑥晉天福二年，改遼。宋太平興國四年，仍稱契丹。治平四年，復改曰遼。 ⑦潢水：原作『曰水』，據《讀史方輿紀要》改。 ⑧窟哥：原作『窟奇』，據《讀史方輿紀要》改。

太宗德光援立石晉，取燕云十六州。後復南侵至汴，滅晉而還。穆宗述律時，周世宗復取關南地。其後宋師兩問燕雲，而不能有也。於是與宋以白溝河為界，西至金山，迄于流沙，北至臚朐，東至海，延袤萬里。以臨潢為皇都，亦曰上京。遼陽曰南京，遼西曰中京，幽州曰南京，亦曰燕京，云州○注：即大同。曰西京。是謂五京。

有府六。

定理府　故挹婁國地。

率賓府　故率賓國地。

鐵利府　故鐵利國地。○注：皆在今瀋陽衛東北。

安定府

長嶺府○注：皆在今遼東都司北境。

鎮海府○注：在都司南境。皆阿保機時所置。又有黃龍府，本勃海扶餘府，契丹改曰黃龍。宋太平興國

不常。咸通以後，中原多故，契丹始強。契丹八部，更代為王，建旗鼓以號令諸部，三年一代。至阿保機，恃其強，不肯代。七部劫之。不得已，傳旗鼓，請帥部落居古漢城，別自為一部。尋滅七部，并為一國于是北擊室韋、女真，西取突厥地，滅奚，東并勃海。朱梁時，有營、平二州地。貞明稱帝，國號契丹。改號曰遼。自保機至延禧，傳九世國亡。

七年，契丹主賢改曰龍州○注：在今遼東三萬衛塞外。又有開封府，故濊貊地。勃海曰龍原府，阿保機時廢。宋太平興國七年，契丹主賢始置開封府○注：在今三萬衛東北。興中府，即故營州，契丹改曰霸州。宋慶曆二年，契丹主宗真始升為興中府。黃龍既廢，而開封、興中後置，故不及。

州、軍、城一百五十有六，縣二百有九，部族五十有二○注：即奚、室韋等諸族類也。屬國六十。○注：自吐谷渾。以下諸夷。

金起自海濱，至烏古廼而始大。五傳而至阿骨打。

阿骨打叛遼。西陷黃龍，南取遼陽，進陷臨潢，取中京，又西得雲中，遂入居庸，并幽、薊。吳乞買既斬遼祚，即議南侵，汴都傾覆，還陷兩河。繼又遣將取陝西、河南及山東地，乃立劉豫于河南，與宋相持。

女真本東夷。《宋史》：『女真古肅，慎氏之裔。其後東漢曰挹婁，北魏曰勿吉，隋曰靺鞨，五代始曰女真。世居混同江東，長白山、鴨綠水之源。唐開元中，常通于中國，宋建隆復入貢。其後烏古廼為酋長，始益強。烏古廼姓拿氏，又號完顏氏。宋慶曆後，授為生女真節度，始有官屬。熙寧七年，子劾里鉢嗣，五傳至阿骨打。

熙宗合剌廢劉豫，悉有中原地，屯田募兵，增設守備，與宋分疆。襲遼制，建五京，置十四總管府，是為十九路。

自阿骨打至守緒，九世國亡。』按《宋史》：『隋時靺鞨分七部，唐初有黑水、粟末二部。粟末盛強，為勃海國，黑水屬焉。勃海為契丹所滅，黑水因附于契丹。』契丹徙其民于遼陽南境，曰熟女真，在北者曰生女真，即金之先也。

會寧府　金舊土也。金主亶天眷初，號曰上京，府曰會寧。金亮貞元初，自上京遷燕。

臨潢府　遼上京也。金初因之。天眷初，改曰北京。

遼陽府　遼東京也。金主晟天會初，改曰南京。金亮改曰東京。

大同府仍遼舊也，為中京，金亮貞元初改曰北京[①]。

大同府　仍遼舊也[②]。為西京。又金亮貞元初，定都故遼之燕京，改為中都府，曰大興。《金史》：『天眷五年，宋和議既定，遂建五京[③]。』

河北東路　治河間府。

①此條據《四部備要》本增。

②大定府：《四部備要》本作『大同府』，誤。

③又改故汴京為南京，府仍曰開封。金主珣興定初，以宋故西京為中京，府曰金昌。

河北西路　治真定府。天會七年，分宋河北路為東西兩路。
河東南路　治平陽府。
河東北路　治太原府。天會六年，分宋河東路為南北兩路。
山東東路　治益都府，即青州。天會中，改宋京東東路置。
山東西路　治東平府，天會中，改宋京東西路置。
京兆路　治京兆府。
鄜延路　治延安府。
慶原路　治慶陽府。
熙秦路　治臨洮府①。金主亶皇統四年，并陝西六路為四路。
汴京路　治開封府。
大名路　治大名府。
咸平路　治咸平府②。
又改熙秦為鳳翔路治鳳翔府。

①熙秦路：本作秦熙路，據《讀史方輿紀要》《金史》改。　②《讀史方輿紀要》：『今遼東鐵嶺衛東北有廢咸平府。』

臨洮路　治臨洮府①。是為十四總管府。而五京亦曰上京、北京、南京、中京、西京等路。共為十九路。

閒散府九。○注：凡不繫五京、十四路所治而稱府者，曰閒散。

北京路　府二：曰廣寧○注：今廣寧衛；曰興中○注：遼所置。

汴京路　府二：曰歸德，曰河南。

河北西路　府二：曰彰德；曰中山○注：故定州。

山東東路　府一，曰濟南。

河東南路　府一，曰河中。

秦鳳路　府一，曰平涼。又有德興府○注：故新州。金主允濟大安初升為府。晉安府，○注：故絳州。金主璟興定二年，升為府。蓋後所增置。

節鎮三十六，防禦郡二十二，刺史七十三，軍十六。

①亦改熙秦路置。

東京路　軍一，曰來遠。○注：今遼東都司西南。

汴京路　軍一，曰潁順○注：今禹州。本劉豫置。

山東東路　軍二[1]，曰城陽○注：今莒州，曰寧海。

山東西路　軍二，曰滕陽○注：今滕縣，曰泰安。

河東北路　軍六，曰平安，曰晉寧，曰火山，曰寧化，曰岢嵐，曰保德。

鄜延路　軍二：曰保安，曰綏德。

熙秦路　軍二：曰鎮戎，曰積石。以十六軍大定二十二年俱升為州。縣六百三十二，城、寨、堡、關百二十二，鎮四百八十六。○注：大定以後，盡升軍為州，或升城、堡、寨、鎮為縣。其後京、府、州凡百七十九，縣六百八十三。東極海，西逾積石，北過陰山，南抵淮、漢，地方周萬餘里。

①山東東路：原作「山東路」。

化外州

河北路

安東上都護府○注：注：領羈縻十四州。

幽州○注：注：大都督，範陽郡，範陽、盧龍兩城節度。領羈縻六州，薊、幽都、良鄉、安次、武清、永清、潞、昌平八縣。

營州○注：注：下都督，柳城郡領羈縻十四州，柳城一縣。

順州○注：注：下，領賓義一縣。

陝西路

安西大都護府○注：注：領龜兹、毗沙、疏勒、焉耆、月支、條支、修鮮、波斯八部落。

沙州中都督○注：注：敦煌郡，歸義軍節度，領敦煌、壽昌二縣。

慎州○注：注：下，昭化軍節度。領逢龍一縣。

檀州○注：注：下，密雲郡，領密雲、燕樂二縣。

歸順州○注：下，領懷柔一縣。

瑞州○注：下，領來遠一縣。

焉州[1]○注：北庭大都護府，領金滿、輪臺、蒲類、西海四縣。

涼州○注：中都督，武威郡，河西節度，領姑臧、神烏、昌鬆、嘉麟、番和五縣。

瓜州○注：下都督，晋昌郡，領晋昌、常樂二縣。

易州○注：上，上谷郡，領易、滿城二縣。

平州○注：下，北平郡，領盧龍、馬城、石城三縣。

遼州○注：下，領來遠一縣。

靈州○注：大都督，靈武郡，朔方軍節度，領回樂一縣，清遠、昌化、保安、保静、臨河、懷遠、定遠七鎮。

鄯州○注：下都督，西平郡，熙寧十年昇西平軍節度，領湟水、龍支、鄯城三縣。

涿州○注：上，涿郡，領範陽、歸義、固安、新城、新昌五縣。

薊州○注：下，漁陽郡，領漁陽、三河、玉田三縣。

師州○注：下領陽師一縣。

夏州○注：中都督，朔方郡，定難軍節度，領朔方、寧朔、德静三縣。

銀州○注：下州，銀川郡，領儒林、撫寧、真鄉、開光四縣。

鹽州○注：下都督，五原郡，領五原、白池二縣。

①焉州：《元丰九域志》作『庭州』。

勝州○注：中府，榆林郡，領榆林、河濱二縣。

會州○注：下，會寧郡，領會寧、烏蘭二縣。

甘州○注：下，張掖郡，領張掖、刪丹二縣。

建康州○注：下，建康郡，領祁連、合黎二縣。

宥州○注：下都督，寧朔郡，領長澤、歸仁、懷德、延恩四縣。

河東路

安北大都護府○注：天德軍節度，領陰山、通濟二縣。

蔚州○注：下，安邊郡，領靈丘、興唐、飛狐三縣。

儒州○注：領晉山一縣。

利州路

鬆州○注：下，都督，交川郡，領嘉誠、交川、平康、鹽泉四縣，羈縻州二十五。

真州○注：下，昭德郡，領真符、雞川、昭德、昭遠四縣。

宥州○注：下都督，寧朔郡，領長澤、歸仁、懷德、延恩四縣。

宕州○注：下，懷道郡，領懷道、良恭二縣。

肅州○注：下，酒泉郡，領酒泉、玉門、福祿三縣。

鎮州○注：下，鎮川郡，領達化、連雲二縣。

單於大都護府○注：振武軍節度，領金河一縣。

嬀州○注：下，嬀川郡，領懷戎一縣。

毅州○注：下，領文德一縣。

扶州○注：下，同昌郡，領同昌、帖夷、萬全、鉗川四縣。

悉州○注：下，歸誠郡，領左封、歸誠、識臼三縣。

保州○注：下，保順郡，領定廉、歸順、雲山、安居四縣。

西州○注：下都督，交河郡，領高昌、柳中、交河、天山、蒲昌五縣。

伊州○注：下，伊吾郡，領伊吾、納職、柔遠三縣。

鎮北大都護府○注：領大同、長寧二縣。

應州○注：望，彰國軍節度，領金城、混源二縣。

朔州○注：下，馬邑郡，領善陽、馬邑二縣。

翼州○注：下，臨翼郡，領衛山、翼水、峨和三縣。

恭州○注：下，恭化郡，領和集、博恭、烈山三縣。

靜州○注：下，靜川郡，領悉唐、靜居二縣。

廓州○注：上，寧塞郡，領廣威、米川、達化三縣。

疊州○注：下，合川郡，領合川、常芬二縣。

洮陽州○注：下，洮化郡，領洮陽、倚川二縣。

雲州○注：下都督，雲中郡，大同軍節度，領雲中一縣。

新州○注：上，威塞軍節度，領永興一縣。

寰州○注：下，領寰清一縣。

當州○注：下，江源郡，領通軌、穌利、谷利三縣。

柘州○注：下，蓬山郡，領柘、喬珠二縣。

夔州路
思州○注：下，寧夷郡，領務川、思王、思邛三縣。
牂州○注：下，牂柯郡，領建安、賓化、新興三縣。
莊州○注：領石牛、南陽、輕水、多樂、樂安、石城、新安、賓化八縣。
廣南路
交州○注：安南大都護府，經略，領宋平、朱鳶、龍編、交止、平道、武平、南定七縣。
驩州○注：下，日南郡，領九德、浦陽、越裳、懷驩四縣。
長州○注：下，文陽郡，領文陽、銅蔡、長山、其常四縣。
景州○注：北景郡，領北景、由文、朱吾三縣。
山州○注：下，龍池郡，領龍池、盆山二縣。
德化州○注：領德化、歸義二縣。

費州○注：下，涪川郡，領涪川、城樂、多田、扶陽四縣。
西高州○注：下，夜朗郡，領夜郎、麗高、榮德、樂源四縣。
琰州○注：領武侯、望仁、應江、始安、東南五縣。
峰州○注：下都督，承化郡，領嘉寧、承化、新昌、高山、珠緑五縣。
陸州○注：下，玉山郡，領華清、烏雷、寧海三縣。
粵州○注：下，龍水郡，領龍水、崖山、東璽、天河四縣。
環州○注：下，正平郡，領正平、福零、饒勉、思恩、龍源、武石、歌良、都蒙八縣。
郎茫州○注：領郎茫、古勇二縣。

播州○注：下，播川郡，領遵義、帶水、芙蓉三縣。
業州○注：下，龍溪郡，領峨山、渭溪、梓姜三縣。
瀼州○注：望，臨潭郡，領江、波零、鵠山、宏遠四縣。
田州○注：下，横山郡，領都救、惠佳、武龍、横山、如賴五縣。
福禄州○注：下，福禄郡，領柔遠、唐林、福禄三縣。
温州○注：下，温泉郡，領湯泉、緑水、羅留三縣。
平琴州○注：下，平琴郡，領容山、福陽、古符、懷義四縣。
武安州○注：下，武曲郡，領武安一縣。
琳州○注：下，懷遠軍，領多梅，古陽，歌良、多奉四縣；後建爲懷遠軍，隸宜州。熙寧八年省入龍水縣。

夷州○注：下，義泉郡，領綏陽、都上、義泉、洋川、寧夷五縣。
充州○注：領梓潼、底水、思王、思淪四縣。
岩州○注：下，安樂郡，領常樂、恩封、高城、石岩四縣。
愛州○注：下，九真郡，領九真、安順、崇平、日南、無編、軍寧六縣。
林州○注：下，林邑郡，領林邑、金龍、海界三縣。
演州○注：下，演水郡，領忠義、懷驩、龍池三縣。
古州○注：下，樂興郡，領樂山、古書、樂興三縣。

羈縻州
荆湖路○注：中炎項佳赤中城見寰。
上溪州
南州
感化州
新府州
萬○注：江、浙本俱作萬州
襄州
嚮化州
保安州
永州
已上北江。
懿州○注：本洽州，干德三年改。
成都府路
羅巖州
劇川州
博盧州

下溪州
謂州
溶○注：江、浙本俱作州州
順州
費州
許賜州
歸明州
順現州
新化州
綿州。
索古州
輒縈○注：江、浙本俱作衣縈州。
明川州

忠彭州
永○注：江、浙本俱作衣順州
銕州
保静州
遠州
越州
新定州
保富州
遠富州
已上南江
奉上州
蓬州
胞○注：江、浙本俱作胣胈州

來○注：江、浙本俱無此字化州
溪寧州
溪藍州
古州
奉州
寧化州
歸信州
安永州
新賜州
合歡州
柏坡州
蓬矢州

大渡○注：江、浙本俱作復州
諸筰州
象川州
附木州
北川州
蒼榮州
護川州
上欽州
邛川州
上蓬州
瑶劍州
當馬州
鉗苿州
籠羊州
敢川州
百坡州
鉗矣州
會野州
福林州
布嵐州
遠南州
東嘉梁州

米川州
甫○注：浙本作南嵐州。
叢夏州
東川州
吉川州
野川州
牒綜州
時蓬州
護邛州
比蓬州
明昌州
三井州
斜恭州
林波州
鷩川州
當品州
昌磊州
當仁州
金林州
欠馬州
卑盧州
西嘉梁州

大屬州
昌明州
和良州
上貴州
甫○注：蓼江本作蔘，浙本作篸州。
邛陳州
浪彌州
儼馬州
脚川州
剥重州
右五十四州隸黎州。
來鋒州
盡重州
林燒州
禍眉州
嚴坡○注：江、浙本俱作成州。
鉗并州
推梅州
諸柞州
羅蓬州○注：江、浙本俱無此州。
輝川州
右四十四○注：江本作二州隸雅州①。

河東州
歸化州
和都州
滑川州
比地州
貴林州
郎郭州
櫪查州
開望州
久護州
名配州
羅林州
龍蓬州
木燭州
中川州
百頗州
作重州
三恭州
論川州
金川州

①「雅」字原无，据《元丰九域志》补。

珰州
達州
向州
保州
梓州路
連州
洛州
扶德州
武昌州
商州
協州
哥靈州
滈州[1]
納州
奉州
能州
朱州
高定州

直州
飛州
居州
霸州
照州
盈州
移州
志州
馴州
已上在馬○注：江本作馮湖江。
切騎州
品州
從州
已上在石門路。
薛州
悦州
湇州
順州
姚州

按：此實得四十三州。若據别本，除去羅蓬州，則與所雲四十二州者乃正合也。
時州
干州
右十州隸茂州。
右二州隸威州。
獻州
德州
播朗州
已上在南廣溪洞。
浪川州
靖州
犄違州
播陵州
右三十州隸戎州。
晏州
思峨州
浙州
藍州
右十八州隸瀘州。

涂州
可州
南州
爲州
[竹+钩]州
騁州
曲州
碾衛州
鉗州
鞏州
長寧州
定州
溱州

①滈：音hào。

夔州路
南寧州
蔣州
峨州
義州
郝州
鸞州
晃州
缶州
茂龍州
撫水州
南平州
鴻州
鼓州
溱州○注：下，溱溪郡，領榮懿、扶歡二縣。
廣南路○注：羈縻縣附。
籠州○注：扶南郡，領武勤、武禮、羅龍、扶南、龍賴、武江六縣。
思○注：浙本作恩誠州。
西平州
思浪州
廣原州

琬州
矩州
邦州
福州
普寧州
絲州
侯州
雙城州
整州
思元○注：江、浙本俱作無州。
勛州
和武州
右四十九州隸黔州。
右一州隸渝州。
忠州
萬承州
譚州
上思州
思同州
勒州

捷○注：浙本作犍州
蠻州
鶴州
儒州
緣州
功州
焚州
訓州
懸州
逸州
姜州
暉州
凍州
思陵州
渡州
禄州
安平州○注：本波州，皇祐元年改。
南源州

清州
龔州
勞州
令州
那州
敷州
添州①
儒州②
樂善州
恩州
稜州
亮州
江州
左州
七源州
石西州
真州○注：浙本作員州。
西農州

①添州：『添』字原闕，据《元丰九域志》补。 ②儒州：『儒』字原闕，据《元丰九域志》补。

萬厓州
羅陽縣○注：江、浙本俱作縣。
武峨州○注：武峨郡，領武峨、武勞、武緣、梁縣四縣。
思○注：江、浙本俱作恩城州。
萬德○注：江本無此字州。
侯唐州
歸誠州
樂善州
温泉州○注：領温泉、洛富二縣。
蕃州○注：領蕃水、都伊、思寮三縣。
歸化州○注：領歸朝、洛回、洛都、洛巍四縣。
南丹州

覆利州
陁陵縣
籠武州○注：郡闕。領龍然、福宇二縣。
勘州
蕃州
歸恩州
龍川州
右一州隸融州。
環州○注：領思恩、都亮二縣。
文州注：領思陽、芝山、都黎三縣。
述昆州○注：領夷蒙、夷水、古桂、臨山、都隴五縣。
右一十三州隸宜州。

温弄州
永康縣○注：江浙本俱作州。
思恩州
歸樂州
昆明州
田州
已上右江。
鎮寧州○注：領福零、禮丹二縣。
金城州○注：領金城、河池、寶安三縣。
智州○注：領英羅、富力、智本、蘭江、平林五縣。

武黎縣○注：江浙本俱作州。
已上左江。
鶼州○注：本監州，太平興國三年改。
倫州
婪鳳州
功饒州
右四十三州五縣隸邕州。○注：江本作四十八州，無『五縣』字。
思順州○注：領安寧、欽化、岩栖三縣。
蘭州○注：領都夷、阮平、如江三縣。
安化州○注：領撫水、景水、多逢、古勞四縣本撫水州，天禧元年改。

宋州縣名相同者

雄州○注：在河北。廣東增一南字。
和州○注：在江南。陝西增一西字。
安仁一饒一卭
一衡州
仙居一光州一台州
永康一婺州一蜀州
華亭一渭州一秀州
龍游一衢州一嘉州
長樂一福州一循州
石泉一金州一綿州
寧遠一鞏州一道州
建寧一荊州一邵武
昌化一臨安一南寧
一環州

恩州○注：在河北。廣東增一南字。
安州○注：在保定。成都、湖廣、陝西增一西字。
眞陽一蔡州一英州
新城一臨州一建昌
龍泉一處州一吉州
永豐一信州一吉州
清江一旋州一臨江
桂陽一連州一郴州
清流一滁州一汀州
德化一江州一泉州
興寧一郴州一循州
寧化一汀州一寧化

劍州○注：在蜀州。福建增一南字。
永寧一河南一靜江
一鞏州
梁一廬州一汝州
新昌一越州一筠州
建德一嚴州一池州
永興一郴州一永興
武寧一洪州一萬州
永福一福州一桂州
安化一潭州一慶州
一渭州
興化一秦州一興化
樂平一平定州一饒州

元

○注：灭金摧宋，遂一天下。

都邑

太祖鐵木真十五年，定河北諸郡，建都和林[①]。○注：自是五傳皆都此。

世祖中統初，建開平府，營闕庭于其中，而分立省部於燕京。○注：先是鐵木真克金中都，改曰燕京路，而大興府仍舊。五年，號開平為上都。至元初，又稱燕京為中都。四年，改營中都城，遂定都焉。九年，改中都曰大都。

疆域

立中書省一，行中書省十有一。○注：至大二年，行中書省俱改曰行尚書省。四年，複故。

中書省　統河北、山東、山西地，謂之腹里。領大都等路廿九[②]，曹州等州八；又屬府三，順寧、中山、河中也[③]。屬州九十一。而立行中書省，分鎮藩服。

嶺北　領和甯路。○注：即和林。蒙古初建都於此，曰元昌路。中統以後，不復建都，置宣慰司及都元帥府于此。大德十一年，始改立和林等處行中書省。皇慶初，改曰嶺北行省，而和林路亦改曰和甯路，漢諸屯戍皆屬焉[④]。

①和林：《讀史方輿紀要》：『和林，亦曰和寧，在磧北千餘裡，至也速該而始大。』　②廿：原作『甘』，改。　③順寧：《讀史方輿紀要》：『順寧，即唐之武州，今為宣府鎮。』　④漢：《讀史方輿紀要》作『漠北』，待考。

遼陽　領遼陽等路七，咸平府一，屬州十二。遼東西諸城鎮以及高麗之西京皆屬焉。《元志》：『至元初，高麗統領李延齡等以國中乖亂，挈西京五十餘城內附①。八年，改西京為東寧府，尋改東甯路，以領其地。』

河南　亦曰河南江北等處行中書省。領汴梁等路十二，南陽等府七，荊門州一，屬州三十四，自河南至淮東西，又湖北之境，亦分屬焉。《元志》：『至元十年，嘗置河南等路行省於襄陽。十三年，又置淮南行省于揚州，尋皆改廢。至正中，復置淮南行省于揚州。』

①西京：平壤。

陝西　領奉元等路四①，鳳翔等府五，邠州等州二十七，屬州十二。自陝西以至漢中，又西南至四川、西山諸州之境②，皆屬焉。

四川　領成都等路九，府三：潼川、紹慶、懷德，屬府二：曰保寧、廣安，屬州三十六，軍一：長寧。自四川及湖廣、貴州諸蠻境皆屬焉。《元志》：『中統三年，置陝西四川行省，治京兆。二十二年，始分置四川行省于成都。』

甘肅　領甘州等路七，州二：曰山丹、西寧，又屬州五：西涼、瓜、靈、鳴沙、應理。○注：今莊浪衛東元置應理州。《元志》：至元八年，置西夏、中興等處行中書省。二十五年，改中興府為寧夏路。元貞初，并寧夏行省于甘肅。

①奉元：即宋京兆府。　②四川：原作『四州』，改。

雲南　領中慶等路三十七，府二：曰仁德、柏興，又屬府三：曰北勝、永昌、騰沖，屬州五十四。自雲南接四川西南，又東接貴州西境諸蠻皆屬焉。又雲南境内有甸寨軍民等府，不在路府州之列。

江浙　領杭州等路三十，府一：曰松江，州二：曰江陰、鉛山，屬州二十一。自兩浙以至江西之湖東，又福建境俱屬焉。至元二十一年，自揚州遷江淮行省治杭州路，改曰江浙行省。又至元十五年，置福建行省于泉州路。十八年，遷治福州。自是徙治不一。二十二年，并入江浙行省。

江西　領龍興等路十八[1]，南豐等州九，又屬州十三。自江西至廣東之境，皆屬焉。

[1] 龍興路：《讀史方輿紀要》：「今南昌府。」

湖廣　領武昌等路三十，歸州等州十三，府二：曰漢陽、平樂[1]，安撫司十五，軍三：曰南寧、萬安、吉陽，屬州十七。自湖廣至廣西、貴州及四川南境，皆屬焉。至正中，又分置廣西行省于靜江路。

征東與高麗國同治。領府二：曰瀋陽等路高麗軍民總管府、耽羅軍民總管府[2]，又慶尚等道勸課司使五。高麗國境皆屬焉。《元志》：至元中，以征日本置征東行省于高麗，尋廢。大德三年復置，自是屢廢屢置。而邊境番夷，皆立官分職，以統隸之。○注：如宣慰、宣撫之類。蓋疆理之遠，軼于前代矣。

路一百八十五，府三十一，州三百五十九，軍四。○注：四川一，湖廣三。安撫司十五○注：皆在湖廣境內。

①平樂：《讀史方輿紀要》：『即宋廣西路之昭州。』
②耽羅軍民總管府：原作『耽羅軍民總管州』，據《讀史方輿紀要》改。耽羅，《讀史方輿紀要》：『今朝鮮全羅道南境濟州城也。』

播州沿邊安撫司　即唐播州。

思州軍民安撫司　即唐思州①。

慶遠南丹溪洞等處軍民安撫司　即宋慶遠府。

乾寧軍民安撫司　即宋瓊州。

順元等路軍民安撫司　今貴陽府。

新添葛蠻安撫司　今貴州新添衛。

盧番靜海軍安撫司　今盧番長官司②。

程番武勝軍安撫司　今程番長官司。

方番河中府安撫司　今方番長官司。

臥龍番南寧州安撫司　今臥龍番長官司。

金石番太平軍安撫司　今金石番長官司。

①思州：原作『恩州』，改。　②盧番長官司：在貴陽府。

小龍番靜蠻軍安撫司　今小龍番長官司。

大龍番應天府安撫司　今為大龍番長官司。

羅番遏蠻軍安撫司　今羅番長官司。

俱屬貴陽府。蓋羈縻諸蠻地也。《元志》：思、播諸州以及順元諸番安撫司，初皆屬四川。至元二十八年，始改屬湖廣。

縣一千一百二十七。東盡遼左，西極流沙，南越海表，北迨逾山。東西萬餘里，南北幾二萬里。

鄭氏曰：『分州始于人皇，州統縣。』縣統郡始于周。郡統縣始于秦。州統郡、郡統縣始於漢。割據之世，置州乃多。隋文析天下為州，煬帝改州為郡，而州郡相等。唐混州郡為一，于建置京邑之州，則始命為府。宋又府州并列矣①。自元建路、府、州之制，州乃益降而小，幾與縣同列云。

分路始于宋，金人從而附益之。元分路益多，遂與府州并屬于行省。其制大率以路領州，州領縣，亦有以路領府，府領州，州領縣者，又有府與州不隸路而直隸省者。

王氏曰：『元人制路、府、州之等，其戶口之多，輿地之廣，雖漢唐極盛之際，有不逮焉。何也？元起于沙漠，遂兼西域，其西北所至，未可以里數限也。要荒之甸不分，疆索之防不設，古今中外之勢，至此一變焉。噫！亦乾坤之異數已。』

及元運將傾，驅除輩出。

劉福通潁上一呼，實為之倡。至正十一年，潁人劉福通聚眾破潁州，陷汝寧及光、息二州。十五年，迎韓林兒為帝，據亳州，稱宋，號小

韓林兒欒城人，韓山童之子。自其祖父以白蓮會燒香惑眾，謫徙太平。山童倡言天下大亂，彌勒佛下生河南及江淮。愚民翕然從之。劉福通與杜遵道上等復詭言山童實宋徽宗八世孫，當為中國主。遂同起兵，以紅巾為號。縣官捕之急，欒城，今真定府屬縣，據朱皋朱皋鎮，

①府州并列：原無『州』字，據《读史方與纪要》補。

明王，紀元龍鳳。

方國珍據湖東①。

至正八年，黃岩民、方國珍兵起②。焚掠沿海州郡，擁巨艘千餘，閩浙運道，遂為所阻。尋據有台、溫、慶元三郡。

張士誠據浙西。至正十三年，泰州白駒場亭民張士誠兵起③，陷泰州及興化，進據高郵，自稱成王，國號周。十六年，陷平江路，據之。改平江路為隆平府。進陷湖州、松江、常州諸路，又陷淮安。二十三年，稱吳王。時據杭州，并嘉興路，又兼有紹興路。北逾江，據通、泰、高郵、淮安、徐、泗、宿、濠、安豐諸郡，號為富強。

在潁州南七十里，引兵西略，山童被擒，其妻楊氏、子林兒遷之武安。惟劉福通不可制。

①湖東：《讀史方輿紀要》作『湖東』。②黃岩：《讀史方輿紀要》：『今台州府屬縣。』③白駒場亭：《讀史方輿紀要》：『在今高郵州興化縣東北百二十里。』

陳友諒據湖廣。至正十九年，徐壽輝將陳友諒徙其主壽輝于江西，自稱漢王。二十年，弑其主壽輝於舟次。僭稱帝，國號漢，都江州。據湖廣、江西以及江東境内州郡。

先是羅田人徐壽輝至正十一年起兵，陷蘄水縣及黄州府，遂稱帝，國號天完，陷饒、信諸州及漢陽、沔陽、安陸、武昌、興國、九江。十三年，為元兵所破。十五年，其將倪文俊，復破沔陽，入襄陽，轉陷中興路，即今荊州府。十六年，取漢陽，迎壽輝入據之。復進陷常德、澧州、衡州、嶽州。明年，陷峽州，遂入蜀，使明玉珍守之。還，謀殺壽輝，不果，奔黄州。别將陳友諒本沔陽漁人子，襲殺之，并其兵，自稱平章。十八年，友諒陷安慶路，又破龍興路，復略吉安、建昌，進陷贛、汀諸路。十九年，又取信州路，進略衢州，分遣兵陷襄陽，南入杉關。先是，友諒遣將攻邵武，未下，至是復分兵陷杉關[3]，侵福建諸州郡。既而徙其主壽輝於江西，自稱漢王。尋弑其主，僭稱帝，國號天完。

明玉珍據兩川。至正十七年，徐壽輝將明玉珍從倪文俊入蜀，守成都。文俊死，遂謀據蜀，掠取附近城邑。二十一年[1]，取嘉定等路，又悉并東川郡縣。明年，又引兵侵雲南。于是東扼夔關，南戍瀘水，稱隴蜀王。二十三年，稱帝。國號夏，都成都。二十六年，卒，子鼎嗣。

陳友定據福建。至正十九年，清流人陳友定起義兵擊賊，清流，今汀州府屬縣[2]，以功授行省參政。二十三年，取汀州。二十四年，遷延平，尋授福建行省平章事。遂據有八閩地。

①二十一年：原作『三十一年』，改。 ②清流：《讀史方輿紀要》：『清流，今汀州府屬縣。』 ③杉關：在福建省光澤縣和江西省黎川縣邊境杉關嶺上。

何真據廣東。

至正二十年，東莞人何真起義兵擊賊。元主立江西分省于廣州，命為右丞。真據東莞，兼有循、惠二州地。

擴廓據山西。初，擴廓帖木兒代父任總兵柄。至正二十五年，封河南王。會陝西諸將李思齊等治兵相攻。二十七年，詔解其兵柄，遂還據澤州復遣兵入太原。既而自澤州西保晉寧。元主尋復其官。擴廓引兵北出，據守太原。

李思齊、張思道等據關中。初，羅山人李思齊與察罕共起義兵①，積功為陝西行省。至正二十五年，擴廓受總制諸軍之命，思齊不奉詔，與張思道等合兵拒之。遂專制陝西地。

①羅山：今屬河南省信陽市。

劉益據遼東。劉益仕元，至正中為遼陽行省平章事，遂據有其地。

梁王、段氏據滇、洱。把匝剌瓦爾密○注：一名孛羅。世守雲南。○注：至元四年封皇子忽哥赤為雲南。王，為都元帥寶合丁所毒死。二十七年，改封皇孫甘麻剌為梁王，鎮雲南。至正初，孛羅以宗室襲封梁王。段氏亦世為大理酋長。○注：段思平自晉天福中據有南詔，稱大理國。宋寶祐三年，忽必烈攻大理，段興智迎降，改置大理萬戶府授之，尋又改為大理路總管，使世守。

元州县名相同者

安州—保定 —成都
新城—保定 —般陽
杭州 —建昌
永豐—吉安 —信州
龍游—衢州 —嘉定
定遠—安豐 —重慶
咸楚
懷遠—安豐 —融州
長樂—福州 —循州
武寧—龍興 —燕州
山陰—紹興 —大同

宜興州 —上都—常州
建德 —建德 —池州
華寧 —松江 —平凉
永福 —福州 —靜江
寧鄉 —冀寧 —天臨
羅山 —汝寧 —曲靖
梁縣 —廬州 —汝州
石城 —贛州 —化州
無棣 —滄州 —棣州

清河—淮安 —大名
永寧—河南 —吉安
龍泉—吉安 —處州
安仁—饒州 —衡州
咸寧—奉華 —武昌
昌化—杭州 —南寧
永興—興國 —郴州
安遠—贛州 —欽州
寧遠—草州 —道州

明○注：六合同風，宸居首奠。

都邑

太祖初入京陵，改曰應天府。洪武元年，詔以開封府為北京，應天府為南京。尋罷北京，而應天為京師。二年，以臨濠府為中都，又改府曰中立府。七年，改為鳳陽府。

太宗永樂元年，建北京于北平府。七年，始改北京為順天府。仍以南京為京師，而巡幸則駐於北京。正統以後，遂以北京為京師，而南京為陪都。

疆域

京師一。領應天等府十四，徐州等州四，布政使十三。○注：《會典》：洪武九年，改故行中書省為布政使司，凡十二。十五年，始增置雲南布政使，共十三司，以分領天下之府州縣。大約州縣俱隸府，縣又隸州，州或直隸布政司。

浙江　領杭州等府十一。

江西　領南昌等府十三。

福建　領福州等府八。

湖廣　領武昌等府十三，安陸等州五。

山東　領濟南等府六。

山西　領太原等府三，潞州等州五。

北平　領北平等府八，隆慶等州二。今為京師。

河南　領開封等府七。

陝西　領西安等府八。

廣東　領廣州等府十。

廣西　領桂林等府十二，江州等州八。

四川　領成都等府七，潼川等州五，東川等軍民府四，龍州等宣撫司二①，播州等宣慰司二，又黎州安撫司一，平茶洞長官司一。

雲南　領雲南等府十二，曲靖等軍民府七，者樂甸等長官司二，又羈縻孟定等府二②，車里等宣慰司五，鎮康等州四，幹崖長官司一。

又於邊圉疆索，置行都指揮使司七，以安內攘外。

遼東　洪武三年來歸。八年，置遼東都指揮使司。十年，盡革所屬州縣，改置定遼等衛，以制防朵

①龍州：原作「龍川」，據《讀史方輿紀要》改。　②府二：原無「二」，據《讀史方輿紀要》補。

顔女真諸部落，兼東限高麗，南備倭寇。

大寧　洪武二十年，馮勝奏置北平都指揮使司于此。又列置興故興州營故營州等二十余衛屬焉。鎮撫降夷，控扼北邊，西翼開平，南衛遼海，藩屏要地也。

萬全　洪武二年，山北州郡來歸。四年，命墟其地，悉徙其民入關。二十六年，置都指揮使司于此。犄角大同，翼衛畿輔，屹為重鎮。

大同　洪武二年，下大同，尋略取東勝諸州地。四年，置山西行都指揮使司於城內。控禦漠北①，唇齒幽、冀。時又置東勝左右衛，與大同相望。河套以內，兵民耕牧，寇不敢窺。蓋備邊之策，是時為得全算。

①漠北：《讀史方輿紀要》作『漠南』。

甘肅　洪武五年，下永昌，略甘、肅，收瓜、沙，河西悉内屬。二十六年，置陝西行都指揮使司于甘州衛。制馭西域，隔絶羌胡。又是時吐番、西域諸君長來朝貢，即其地設司衛所三十六，俾統理降夷。

建昌　洪武二十五年，藍玉討平叛將月魯帖木兒，請增置衛所，從之。二十七年，置四川行都指揮使司于此。外控番夷，内馭蠻僰，介滇蜀之間，封守最重。

貴州　明初平湖廣、四川，於是八番、順元諸蠻夷悉内屬，因建置貴州等衛所。八年，設貴州都司以統之。綏輯溪峒，式遏苗夷，為川湖之遮罩。○注：《大政考》：『洪武八年，于各省會設都指揮使司。九年，改行中書省為承宣佈政使司。其不與布政司并治者，為行都指揮使司。七司而外，別有福建行都指揮使司，置於建寧。大抵無事則屯田練兵，慎固封守。有事或命將專征，隨宜調發。』

開平　洪武二年，克開平。三年，克應昌。因屯軍置衛于此，以扼寇沖。

洮州　洪武四年，置衛。十年，又取朵甘納鄰七站地①。於是增置岷州衛。又命與河州衛相聯絡，以控番部。

置軍戍守，東起朝鮮，西接吐蕃，南至安南，北距大磧，東西一萬一千七百五十里，南北一萬九百里。

太宗起自燕藩，舉兵内向，戰勝攻克，纘承大統。既又北逐亡元，南平交趾，西藩哈密。

①朵甘：《讀史方輿紀要》：『朵甘，即今西番朵甘諸部。』納鄰七站地：在今青海境内。

哈密　漢之伊吾盧，唐之伊州也。唐衰，不屬於中國。永樂元年，虜酋安克帖木兒入貢，明年設哈密衛。〇注：安克帖木兒蒙古族屬，襲封肅王，於是改封忠順王。統回回、畏兀兒、哈剌灰三種①，仍設都督，授其酋長。又設沙州及赤斤蒙古、〇注：二年置。曲先、〇注：四年置。等衛，與哈密相表里。〇注：先是太祖置罕東、阿端、安定三衛，至是又增置三衛，與哈密為七。

又東靖女直②。

永樂九年，遣將將水軍駕巨艦至混同江，招集女真諸酋豪。於是內附，置努兒幹都司③。〇注：金會寧府。元置合蘭府、水達達等路於此。投其酋長，兼分置衛、所、城、站，以授其種族。〇注：凡衛百七十九、所二十，又地面五十八、站七、寨一，悉屬于都司。正統中，又增置五衛，其後代有增置。萬曆中，多至三百八十余衛。

①三種：哈剌灰、回回、畏兀兒，被稱為哈密三大種族。　②女直：即女真。　③努兒幹都司：原作『努兒于都司』，改。

又置馬市於開元城。

建北京。○注：改北平布政司為北京。列交、貴。○注：交趾、貴州，威略赫焉。永樂五年，設交趾布政使司，領交州等府十七、廣威等州五、屬州四十二、縣一百五十七。十一年，設貴州布政使司，領貴州宣慰司一、思州等府六①、普安等州四、金築安撫司一。

然棄大寧，移東勝，慮亦稍疏矣。

建文元年，太宗刼大寧兵南下，并合兀良哈之酋率部落從行。遂徙北平行都司于保定，以大寧分畀三衛②。自廣寧前屯，歷喜峰近宣府者，屬之朵顏。自錦、義歷廣寧，

①思州：原作『恩州』，據《讀史方輿紀要》改。 ②畀：原作『界』，據《讀史方輿紀要》改。 ③白云山：《讀史方輿紀要》：『在遼河東。或曰即廣甯衛東北九十裡之白雲山，非是。』

逾遼河至白云山[3]，屬之泰寧。自黄泥窪在瀋陽衛西北三百里，逾瀋陽鐵嶺至開元，屬之福餘。又以東勝孤懸難守，移左衛于永平府，右衛于薊州遵化縣。

宣宗當寧[1]，復棄交趾，又棄開平。

宣德三年，以大寧既棄，開平懸遠難守，因城獨石，徙置開平衛於此，棄地三百餘里。遂失灤河、龍岡之險[2]。

英宗有土木之變，社稷幾于不保。

武宗盤遊，孽孽屢作。世宗興邸潛飛[3]，中興之望，朝野欣欣，而斥絶言路，保任大奸[4]。初既棄哈密。

① 當寧：原作『當守』，據《讀史方輿紀要》改。當寧，典出《禮記注疏》。寧，指古代宮室門內屏外之地。君主在此接受諸侯的朝見。後遂以『當甯』指皇帝臨朝聽政，後以泛指皇帝。② 龍岡：《讀史方輿紀要》：『即舊衛北三裡之臥龍山。』③ 興邸：指興藩。世宗為憲宗次子，封湖廣安陸州，再傳入繼大統。

④ 保任：原無『保』字，據《讀史方輿紀要》補。

嘉靖三年，土魯番入塞犯甘州，邊臣擊敗之。八年，犯肅州，覆敗走。尋請降，且以哈密來歸。朝議以哈密既殘破①，且去邊遠，疲中國以存外夷，非計也，遂棄不復有。嘉峪關外，皆為寇境。又是時，亦不剌盤據西海，瓦剌結巢北山②，于是河西三面受敵。

繼復棄河套。

明初，城東勝，河套以內，耕屯相望。永樂初，棄東勝不守。大兵數出，邊寇遠竄。正統中，築榆林諸城堡。成化中，復築榆林邊牆一千餘里，而河套漸成甌脫③。嘉靖二十五年，督臣曾銑以複套為己任④，為嚴嵩所構，棄市。自是無敢議及河套者。

①哈密：原作『哈』，據《讀史方輿紀要》，補『密』。②北山：謂賀蘭山。③歐脫：古代少數民族屯戍或守望的土室。亦指邊境荒地。④套：即河套。

又倭寇縱橫，東南糜爛，方中之勢，浸以㬈矣。是時版圖為直隸二，承宣佈政使司十三。

京師　亦曰北直隸。府八：曰順天、保定、河間、真定、順德、廣平、大名、永平。州二：曰隆慶、保安。屬府州十七，縣一百十六。而昌平州、通州、易州為三輔，居庸、倒馬、紫荊為內三關①。設重臣于保定以提督之。隆慶初，改隆慶州曰延慶州。

南京　亦曰南直隸。府十四：曰應天、鳳陽、安慶、廬州、淮安、揚州、蘇州、松江、常州、鎮江、徽州、甯國、池州、太平。州四：曰廣德、和州、滁州、徐州。屬府州十三，縣九十六。而淮安為漕運通渠，鳳陽

①倒馬：倒馬關，在定州西北百二十里。

為陵寢重地，安慶為陪京上游，蘇、松為邊海襟要，皆設重臣，申嚴封守。

山東　府六：曰濟南、兖州、東昌、青州、登州、萊州。屬府州十五，縣八十九。分道三：濟南道，轄濟南府；東兖道，轄東昌兖州；海右道，轄青、登、萊等。又有遼海東寧道，分轄遼東衛所。

山西　府四：曰太原、平陽、大同、潞安。州四：曰汾、遼、沁、澤。屬府州十六，縣七十七。分道四：冀寧道，轄太原府；河東道，轄平陽府；冀北道，轄大同；冀南道，轄潞安府及沁、澤、遼、汾四州。萬曆二十三年，升汾州為府。今為府五，州三。

陝西　府八：曰西安、鳳翔、漢中、平凉、鞏昌、臨洮、慶陽、延安。屬州二十一，縣九十四。分道五：關內道，轄西安府①；關西道，轄平凉、鳳翔；關南道，轄漢中府；河西道，轄慶陽、延安府及寧夏衛及寧夏中衛；隴右道，轄鞏昌、臨洮及河、洮、岷、靖四衛、文縣一所。又有西寧道，則分轄甘肅、西寧諸衛所。萬曆十一年，增置長武縣，屬邠州。

河南　府八：曰開封、歸德、彰德、衛輝、懷慶、河南、南陽、汝寧。州一：汝州。屬府州十一，縣九十七。分道四：曰大梁道，轄開封、歸德府；河南道，轄河南及汝州；汝南道，轄南陽、汝寧；河北道，轄彰德、衛輝、懷慶。萬曆初，以上諱，改開封府鈞州曰禹州。

①關內道，轄西安府：原無，據《讀史方輿紀要》補入。

浙江　府十一：杭州、嘉興、湖州、嚴州、紹興、寧波、台州、溫州、金華、衢州、處州。屬府州一，縣七十五。分道五：杭嚴道，轄杭、嚴；嘉湖道，轄嘉、湖；甯紹道，轄寧、紹、台；金衢道，轄金、衢；溫處道，轄溫、處。

江西　府十三：南昌、饒州、廣信、南康、九江、建昌、撫州、臨江、吉安、瑞州、袁州、贛州、南安，屬府州一，縣七十四。分道五：曰南昌道，轄南昌、瑞州；曰湖東道，轄廣信、建昌、撫州；曰湖西道，轄吉安、臨江、袁州；曰九江道，轄饒州、南康、九江；曰嶺北道，轄贛州、南安。隆慶二年，增置定南縣；萬曆三年，置長寧縣，俱屬贛州府。萬曆六年，置瀘溪縣，屬建昌府。

湖廣　府十五：武昌、承天、漢陽、黄州、德安、襄陽、鄖陽、荊州、岳州、長沙、常德、衡州、永州、寶慶、辰州。州二：郴州、靖州。屬府州十三，縣百有六①。分道七：曰武昌道，轄武昌、漢陽、黄州；曰荊西道，轄安陸、德安；曰上荊南道，轄荊州、嶽州府二及施州諸衛所；曰下荊南道，轄襄陽、鄖陽；曰湖北道，轄常德、辰州及靖州、永順、保靖二宣慰司；曰上湖南，轄衡州、永州及郴州；下湖南道，轄長沙、寶慶。萬曆二十八年，增置天柱縣，屬靖州。

四川　府八：曰成都、保甯、順慶、重慶、夔州、敘州、龍安、馬湖。州六：曰潼川、嘉定、眉州、雅州、邛州、瀘州。屬府州十四，縣一百七。長官司四，屬馬湖府；又羈

①縣百有六：《讀史方輿紀要》作『縣二百有六』，誤。

縻軍民府四，曰鎮雄、東川、烏撒、烏蒙；宣慰司一，曰播州；宣撫司一，曰永寧；安撫司一，曰黎州，所屬長官司凡六。分道五：川西道，轄成都、龍安及松、潘、疊、溪諸衛所；川北道，轄保甯、順慶及潼川州；川東道，轄重慶、夔州；川南道，轄敘州、馬湖，又鎮雄、東川軍民府，及嘉定、眉、瀘、邛四州，播州、永甯等司；上川南道，轄雅州及建昌行都司，黎州、天全等司。萬曆十七年，改馬湖府附郭泥溪長官司為屏山縣。二十四年，改黎州安撫司為千戶所。二十七年，平播州，改為遵義府。又改置屬州一，縣四。今為府九，屬州十五，縣一百十二，長官司九。

福建　府八：曰福州、興化、泉州、延平、建甯、邵武、汀州、漳州。州一：福寧。縣五十七。分道四：福甯道，轄福州、興化、泉州及福寧州；武平道，轄邵武、延平；建甯道，轄建寧；漳南道，轄汀州、漳州。

廣東　府十：曰廣州、肇慶、韶州、南雄、惠州、潮州、高州、雷州、廉州、瓊州。屬府州七，縣七十四。分道五：嶺南道，轄廣州、韶州、南雄三；嶺東道，轄惠州、潮州二；嶺西道，轄肇慶、高州二；海北道，轄雷、廉二；海南道，轄瓊州。萬曆四年，于德慶州之瀧水縣置羅定州[①]，又置東安、西寧二縣屬直隸布政司而分轄於嶺東道。崇禎六年，增置鎮平縣，隸潮州府。

①瀧水：原作『隴水』，據《讀史方輿紀要》改。

廣西　府七：曰桂林、平樂、梧州、潯州、南寧、柳州、慶遠。羈縻府三：曰太平、思明、鎮安。屬州八。直隸羈縻屬州二十六。屬縣五十①，屬羈縣八，長官司四。分道四：曰桂平道，轄桂林、平樂；蒼梧道，轄梧州；左江道，轄南寧、潯州及太平；右江道，轄柳州、慶遠、思恩、思明、鎮安并羈縻、直隸諸州縣。隆慶四年，改桂林府古田縣為永寧州。六年，又增置新寧州。萬曆十八年，又增下雷州，與新寧州俱屬南寧府。

雲南　府五：曰雲南、大理、臨安、澂江②、楚雄。軍民府六：曰曲靖、姚安、武定、永昌、鶴慶、麗江。羈縻府十：曰尋甸、廣南、廣西、鎮沅、景東、永甯、順甯、蒙化、

①五十：原作『五』，據《讀史方輿紀要》改。　②澂（chéng）江：即『澄江』。治今雲南省玉溪市澄江縣。澂，『澄』的異體字。

孟定、孟艮。羈縻軍民府一：曰元江府。屬州三十，羈縻、直隸及屬州共十一，屬縣二十八，羈縻縣二，又羈縻宣慰司六，宣撫三，長官司共二十四。分道四：安普道，轄雲南、曲靖、尋甸；臨沅道，轄澂江、臨安、廣西、廣南、元江及新化州；洱海道，轄姚安、楚雄、武定①、景東、鎮沅；金滄道，轄大理、永昌、鶴慶、麗江、順慶、永甯、蒙化府七，及北勝州、瀾滄衛。萬曆十三年，於孟艮府增置耿馬安撫司，又改舊孟密安撫司為宣撫司，仍析置蠻莫安撫司。

①武甸：《讀史方輿紀要》作『武定』。

貴州　府八：曰程番、鎮遠、黎平、都匀、思州、思南、銅仁、石阡。羈縻、直隸州四：曰安順、鎮寧、永寧、普安。屬府州二，縣六。又宣慰司一：曰貴州。安撫司二：曰金築、凱里。長官司凡八十。分道四：貴寧道，轄程番及貴州宣慰司，今領貴陽、安順及宣慰司畢節、赤水、烏撒、永寧、普市諸衛所；威清道，轄安順等州四及威清諸衛所，今轄威清、平壩、普定、安莊、安南、普安諸衛所；都清道，轄鎮遠、黎平、都匀及新添、平越諸衛所，今曰新鎮道，轄道匀、鎮遠、平越、黎平及新添、龍里二衛，并轄湖廣、五開、銅鼓、偏橋、鎮遠、清浪、平溪諸衛所及廣西、南丹州；思石道，轄思州、思南、銅仁、石阡。隆慶六年，改程番府曰貴陽府。萬曆中，改為軍民府。又改安順州為軍民府，平越衛為平越軍民府，而于貴陽府改置定番州及新貴縣，平越府增置黄平州及餘慶、甕安、湄潭三縣，又增置貴陽府附郭縣一，曰貴定，思南附郭縣一，曰安化。又銅仁改置附郭縣一，曰銅仁。石阡改置屬縣一，曰龍泉。崇禎初，又增置開州、廣順州。

又設九邊以衛中夏。

遼東　屬衛二十五，所十一，關二〇注：三岔、撫順①。

薊州　屬衛一百十三，寨七十二，營堡城一百十五。

宣府　屬衛十五，所二十，關城堡五十三。

①三岔、撫順：三岔關，在海州衛西南七十里。撫順關，在瀋陽衛撫順所東二十里。

大同　屬衛八，所七，堡五百八十三。

榆林　屬營六，堡二十八。

寧夏　屬衛二、〇注：中衛、後衛。所四、〇注：興州、靈州、韋州、平虜①。營堡二十二。

甘肅　屬衛十三，所六十，關一〇注：嘉峪。

太原　屬關三、〇注：雁門、寧武、偏頭②。堡三十九，口十九。

固原　屬衛三、〇注：固原、靖虜、蘭州。所四、〇注：西安、鎮戎、平虜、甘州。營堡有六。後又以洮、岷、河三衛及諸城鎮，并屬固原。

①興州：《讀史方輿紀要》作『興武』。　②甯武、偏頭：《讀史方輿紀要》：『甯武關，在山西崞縣西北百十里。偏頭關，在河曲縣北百十里。』

東起遼海，西盡嘉峪，南至瓊崖，北抵云朔。東西一萬餘里，南北一萬里。

凡天下府一百四十，州一百九十三，縣一千一百三十九。又羈縻府十九①，州四十七，縣六，編里六萬九千五百五十六。而兩京都督府分統各都指揮使司十六，萬全、遼東、大寧凡三，又十三布政司各設都司一。行都司五。○注：山西大同、陝西甘肅、四川建昌、湖廣鄖陽、福建建寧。留守司二。○注：中都駐鳳陽，興都駐承天。所屬衛四百九十三，屬所二千五百九十三，守禦千戶三百十五，夷官宣慰司十一、○注：湖廣二：永順、保靖，四川二：播州、董卜、韓胡，雲南六：車里、木邦、孟養、緬甸、老撾、八百大甸，貴州一：貴州②。宣撫司十、○注：湖廣四：施南、散毛、忠建、容美，俱屬施州衛。四川三：永寧、西陽、石砫。

①十九：原作『於九』。據《讀史方輿紀要》改。
②董卜：原作『董十』。據《讀史方輿紀要》改。

雲南三：南甸、干崖、隴川，萬曆增置一，曰孟密①。安撫司二十一、○注：湖廣八：東鄉五路、忠孝、忠路、金洞、龍潭、大旺、忠峒、高羅，俱屬施州衛。四川九：黎州八郎、麻兒札、阿角寨、芒兒者，俱屬松潘衛；黃平、草堂、甕水，屬播州宣慰，雜谷屬董卜、韓胡宣慰。雲南二：潞江屬永昌衛，孟甸屬灣甸州。貴州二：金筑、凱里。萬曆中，增置耿馬、蠻莫二安撫司，而孟密升為宣撫司，四川改廢草堂、黃平、甕水三安撫司。招討司一、○注：天全六番。長官司一百六十九、○注：湖廣二十四，四川四十，廣西四，雲南二十二，貴州八十。萬曆以後，數有增易改廢②。蠻夷長官司五、○注：鎮遠、隆奉、南平、東流、臘壁峒，俱屬湖廣施州衛。四夷君長奉朝貢稱外臣者，一百十三國。○注：東北朝鮮、女真二，東日本，南安南、占城等六，西南浡泥等四十九，西哈剌等四十六，西北哈密等七，北朵顏、韃靼等二。一代之制，略可觀焉。

①干崖：原作『千雁』。據《讀史方輿紀要》改。　②二十二：《讀史方輿紀要》作『二十一』。增易：原作『增昌』。據《讀史方輿紀要》改。

明县名相同者

新城○注：直隸、山東、江西、浙江皆有
山陽○注：南直隸、陝西皆有
清河○注：北直、南直皆有
樂平○注：山西、江西皆有
咸寧○注：陝西、湖廣皆有
太平○注：南直、山西、浙江、四川皆有
安化○注：陝西、湖慶、貴州皆有
興寧○注：湖廣、廣東皆有
會同○注：湖廣、慶東皆有
懷遠○注：南直、慶西皆有
興安○注：江西、廣西皆有
東鄉○注：江西、四川皆有

永寧○注：直隸、河南、江西皆有
安仁○注：江西、湖廣皆有
山陰○注：山西、浙江皆有
長樂○注：福建、廣東皆有
建德○注：安徽、浙江皆有
定遠○注：南直、四川、雲南皆有
新昌○注：江西、浙江皆有
德化○注：江西、福建皆有
昌化○注：浙江、廣東皆有
桃源○注：南直、湖廣皆有
石泉○注：陝西、四川皆有
大寧○注：山西、四川皆有

華亭南○注：直隸、陝西皆有
東安○注：順天、廣東、湖廣皆有
廣昌○注：山西、江西皆有
龍泉○注：江西、浙江、貴州皆有
寧鄉○注：山西、湖廣皆有
太和○注：南直、雲南皆有
新安○注：河南、廣東皆有
海豐○注：山東、廣東皆有
石城○注：江西、廣東皆有
長寧○注：江西、四川、廣東皆有
三水○注：陝西、廣東皆有

圖書在版編目(CIP)數據

歷代一統表 / (清) 段長基著；王彩琴，晁會元，扈耕田整理. -- 北京：文物出版社，2021.1
ISBN 978-7-5010-6973-6

Ⅰ. ①歷… Ⅱ. ①段… ②王… ③晁… ④扈… Ⅲ. ①地理沿革—中國 Ⅳ. ①K901.9

中國版本圖書館 CIP 數據核字(2020)第 269797 號

歷代一統表之三歷代疆域表
清·段長基 著

主　　編：王彩琴
副 主 編：晁會元　扈耕田
點　　校：扈耕田　王　艷　王方領
責任編輯：李縉雲　劉永海
責任印製：陳　傑
出版發行：文物出版社有限公司
地　　址：北京市東城區東直門内北小街 2 號樓
郵　　編：100007
網　　址：www.wenwu.com
郵　　箱：web@wenwu.com
印　　刷：曲阜孔家印務有限公司
經　　銷：新華書店
開　　本：16
印　　張：217.5
版　　次：2021 年 9 月第 1 版
印　　次：2021 年 9 月第 1 次印刷
書　　號：ISBN 978-7-5010-6973-6
定　　價：2900.00 圓